精解

神の詩

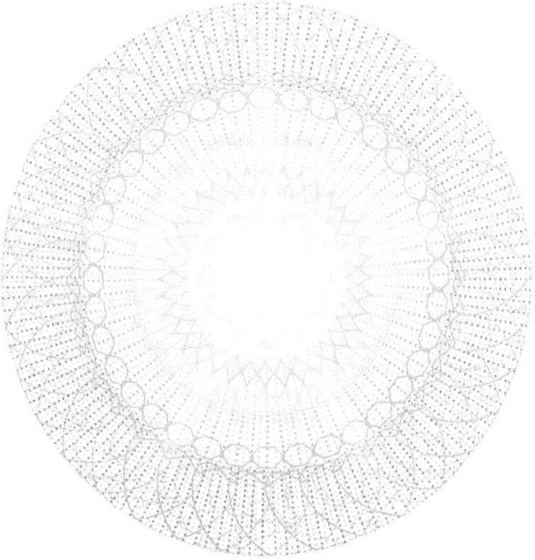

聖典バガヴァッド・ギーター

Detailed Explanations of Bhagavad Gita

1

森井啓二

きれい・ねっと

はじめに

「バガヴァッド・ギーター」は、サンスクリット語で「神の詩」という意味になります。

この聖典は、真我に到達した聖賢が、普遍意識の中で天界から授かった天啓の書とも言われています。

この聖典には、私たちが日々の生活の中で神聖さを高めるための指針というだけではなく、人が地上に生まれてきた本当の目的「霊性を高め、神との合一を果たすまで」に必要な実践的な叡智がすべて記されています。

「バガヴァッド・ギーター」は、地球上のすべての聖典を凝縮した人類の至宝の書とも言われています。

この聖典は、しっかりと読み込めば他の書物を読む必要はないと言われるほど、真理の言葉で満ちています。繰り返し読んでも、毎回新たな発見があるのです。

ここには、地上に生まれた意味、地上での活動の指針が明確に記されています。

人は、物質世界に囚われて視野が狭くなってしまうと、実在の世界を忘れ、外的世界のはかない華やかさに心奪われることによって、さまざまな困難や苦しみが始まります。

一度忘れた至高の境地は容易に思い出せるものではなく、人は神の正しい求め方もわからず五里霧中でさまよい続けることになってしまうのです。

バガヴァッド・ギーターを読んで、内観し、少しずつ理解しながら実践すれば、長い間忘れていた自分に内在する真我を見出していくという本来の目標が明確になり、人生が実りのあるものに大きく変容していきます。

この聖典は、古くからヨーガ行者たちの悟りを開くための奥義として使われてきただけでなく、現代では万人に対する生き方の指針として、さらに政治、経済、スポーツをはじめあらゆる分野を極めるための行動の指針としても活用されています。

二十世紀最高の超能力者として数多くの難病を治癒に導いたエドガー・ケイシーは、ある時熱心な探究者から「地上に存在するあらゆる書物の中で、普遍的真理に最も近いものは何でしょうか？」と質問されました。

敬虔なキリスト教徒であるケイシーは「聖書」と答えると誰もが予想する中、驚くべきことに、インドの聖典である「バガヴァッド・ギーターである」と答えたのです。

インドで悟りを開いた聖者たちも、この「バガヴァッド・ギーター」を神の叡智として絶賛し、人々に真理を説く時に度々引用しています。

「バガヴァッド・ギーター」は、叙事詩のような形式で真理が描かれています。

インド二大叙事詩のひとつ「マハーバーラタ」の中の、およそ１４０分の１というほんの一部でしかありませんが、「マハーバーラタ」は、「バガヴァッド・ギーター」のために在ると言っても過言ではありません。

この聖典は、「マハーバーラタ」という大きな神の樹に実る果実のような存在です。しっかりと味わいながら食べて、消化していくことで自分の体の中に浸透していきます。そして果実の種子は、次の世代へと受け継がれていくのです。

現在、誰もがこの聖典を入手して読むことが出来るということは、とても幸運なことだと思います。普遍的真理がこれだけ体系的に凝縮された書は、他には例がありません。

登場人物が多いこともあり、最初のうちは読み進めるだけでもなかなか大変でしょう。でも、繰り返し読んでいると、自分の霊性進化のレベルに応じて毎回新しい発見があります。この聖典は、言葉を超えた真理を示す奥が深い究極の書なのです。

「バガヴァッド・ギーター」の注釈書は数多くあり、そのどれもが注釈者によって解釈の範囲を狭めてしまっています。そこで、本書では、できるだけ理解と解釈を読み手の霊性に委ねて、自力で解釈できるようなヒントを多くする配慮を施してあります。

この聖典の神髄は、しっかりと読み込みながら、その真理を日々の生活の中で実践し、瞑想によって読み解いていくものだからです。

今生でこの聖典に出会うということは、間違いなく真我による祝福であり、恩恵だと確信します。

もくじ

主要家系図概略

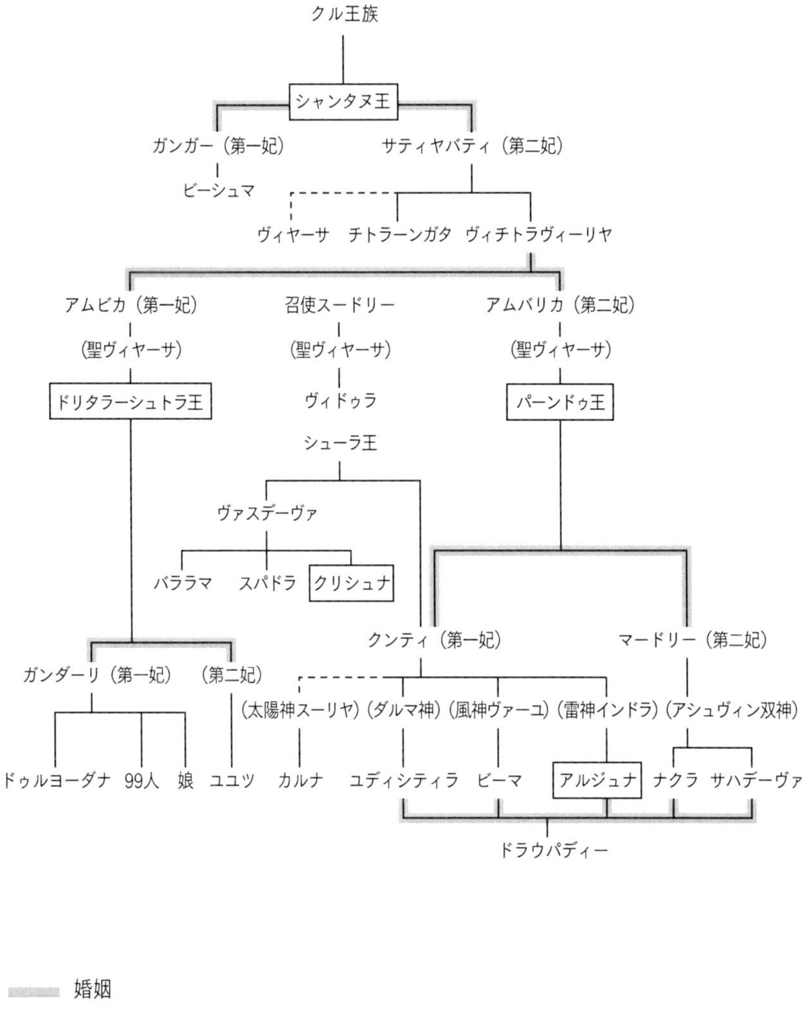

クル王族
シャンタヌ王
ガンガー（第一妃）
サティヤバティ（第二妃）
ビーシュマ
ヴィヤーサ
チトラーンガタ
ヴィチトラヴィーリヤ
アムビカ（第一妃）
召使スードリー
アムバリカ（第二妃）
（聖ヴィヤーサ）
（聖ヴィヤーサ）
（聖ヴィヤーサ）
ドリタラーシュトラ王
ヴィドゥラ
パーンドゥ王
シューラ王
ヴァスデーヴァ
バララマ
スバドラ
クリシュナ
クンティ（第一妃）
マードリー（第二妃）
ガンダーリ（第一妃）
（第二妃）
（太陽神スーリヤ）
（ダルマ神）
（風神ヴァーユ）
（雷神インドラ）
（アシュヴィン双神）
ドゥルヨーダナ
99人
娘
ユユツ
カルナ
ユディシティラ
ビーマ
アルジュナ
ナクラ
サハデーヴァ
ドラウパディー
婚姻

Prologue

序章

「バガヴァッド・ギーター」を読み始める前に

聖典「バガヴァッド・ギーター」は、全十八巻、一万節、二十万行を超える叙事詩「マハーバーラタ」の中の第六巻「ビーシュマ・パルヴァン」のうち第25～42章の700の詩を抜粋したものです。

他にも「マハーバーラタ」から抜粋された有名なものには、「ヴィシュヌ・サハスラナーマ」や「シヴァ・サハスラナーマ」、「アヌ・ギーター」などがあります。例えば、「ヴィシュヌ・サハスラナーマ」はヴィシュヌ神の千の名前を記した献身的な賛歌であり、それを唱えることによって内なる叡智を呼び起こし、真理に目覚める助けをすると言われています。

「マハーバーラタ」は、古代から口伝により伝わってきた天啓、すなわちヴェーダの智慧を元に、聖仙ヴィヤーサによってサンスクリット語で書かれたとされています。

第六巻ビーシュマ・パルヴァンの中で「バガヴァッド・ギーター」が始まる前の節では、シャンタヌ王とガンジス川の女神ガンガー神の間に生まれた息子ビーシュマが亡くなるまでの様子が描写されています。ビーシュマの死は、人が地上で認識している悲しい死ではなく、多くの神々や聖賢たちが列席する祝祭でした。この章で、読む人の世界の観方が大きく変容することになります。

「バガヴァッド・ギーター」では、クリシュナがヴェーダを語るような形になっています。これはヴェーダの知識の伝え方が人から神へと移ったことを象徴しているかのように、特に重要性が注目される仕組みになっています。

「バガヴァッド·ギーター」が「神の詩」と呼ばれるのは、サンスクリット語の原典がアヌシュトュプ・チャンダスとトリシュトゥプ・チャンダスという二種類の韻律で美しく構成されている詩を使って真理を説いているからです。ほとんどの詩節は、リズムの美しいアヌシュトュプ・チャンダスが使われています。

アヌシュトュプ・チャンダスは、十六音節が二行の三十二音節で構成されています。これは「君が代」と同じ文字数です。この三十二音節を、八音節ずつ詠唱します。そこに時折、四十四音節のトリシュトゥプ・チャンダスが入ります。

この聖典は、この二種の韻律で全700節が美しい詩として詠唱できるように構成されているのです。それでいて、一言一句まったく無駄のない構成になっています。

毎日聖典を読み解いていくことは、ヨーガの修練の一つとされています。

聖仙たちが時空を超越した領域から下ろしてきた永遠の真理に関する智慧に触れることは、日常に応用できる神聖な生き方を授けてくれるだけでなく、心を霊的な思いで満たし、意識を純粋化していく力を持ちます。そして、意識が次第に世俗的なものから離れていき、崇高な境地へと向かうことから、瞑想にもいい影響を与えることになります。

毎日同じ時間に霊的な書物を読み、内観することによって、自分一人ではなく、高次の存在が傍らにいて導いてくれていることがはっきりとわかるようになっていきます。

聖典を開くと共に、あなたは純粋な霊光に照らされた偉大な存在たちとの交流をはじめているのです。聖典を読む習慣は、聖賢たちとの霊交を味わえる至福の時間になっていくはずです。食事で言えば、毎日極上の霊的食事を味わい、魂に栄養をつけていくようなものです。

「一時間読んだら、二時間ノートに書きなさい。二時間書いたら、三時間考えなさい。三時間考えた後は、いつもそれを瞑想しなさい」(パラマハンサ・ヨガナンダ大師)

普段使っている物、例えば自転車のことは、ほとんどの人が知っていると思います。でも、「自転車の構造についてわかりやすい図にして、自転車を全く知らない人にも理解できるように説明してください」と言うと、意外と出来ないものです。

実際に米国イエール大学で、電池やトイレなど身近なもので同様のことを実験した結果、やはり知ったつもりであっても、人に説明しようとすると実はよく知らなかったということが一般的であることが証明されています。

霊的書物も、ある一節を読んで理解したつもりになっていても、その一節を皆さんの前でわかりやすく説明してくださいと言うと、案外出来ないものなのです。この現象を「知識の錯覚」と言います。

聖典は、読むだけでなく、書いて、考えて、瞑想して、時に実際の行動に移してみるというプロセスを経て、初めて理解できることが多いのです。

そのため、聖典を読み込むには、時間と努力が求められます。

さて、「バガヴァッド・ギーター」を読み始める上で、最初に鍵となる人物たちを知っておくと後から理解しやすくなります。まずは、「マハーバーラタ」の概略を読みながら、霊的な解釈の練習をしてみましょう。

このような物語は、文字を追った解釈だけで読み進めると理解が困難になっていきます。聖典には、物質次元を超えた永遠の源から授かった高次の智慧が記されているからです。文章の背後に隠された智慧を読み取っていくために、よく内観し、実践しながら理解していく習慣が必要となります。

例えば、「アルジュナは、ヒマラヤに行って亡くなりました」という記述の場合、どう解釈すればよいでしょうか。多くの解釈本では、文字通りの「山に行って亡くなる」という解釈がなされています。でも、霊的解釈になると違ってきます。

ヒマラヤの語源は「ヒマーチャラ」。「ヒマ（氷・雪）」と「アチャラ（安定した）」を合わせた言葉です。「ヒマ（氷・雪）」は、純粋さの象徴です。「アチャラ（安定した）」が加わることにより、純粋さが安定した状態、つまり「安定した涅槃（ねはん）の境地に達した」という意味になります。通常インドでは、氷はすぐに融けてしまいますが、ヒマラヤ山脈では融けることがないことも「純粋性が永遠に続く」という意味を強調しています。

つまり、「ヒマラヤに行って亡くなりました」は、「アルジュナは、涅槃の境地に達した状態で天界へ還った」というのが正しい解釈となります。

こうした霊的視点からの解釈を自分で出来るようになっ

ていかなければ、聖典はなかなか読むことが出来ません。残念ながら、ほとんどの人は物質世界の視点から離れることが難しく、霊的解釈を忘れてしまっています。

聖典は、自分の霊性に応じて、深い意識の中で解釈していくものであり、そこが聖典の魅力なのです。しかも「バガヴァッド・ギーター」は世界最高峰の聖典です。何度読んでも、さらに深い解釈が出てきます。

まずはこの序章で、霊的解釈に慣れていきましょう。そうすることによって、「バガヴァッド・ギーター」の本文が深く読みやすくなるはずです。

それでは、「マハーバーラタ」から抜粋していきます。

シャンタヌ王の結婚と息子のビーシュマ

古代インドの時代から、インドの国名は「バーラタ」と呼ばれてきました。

バーラタは、サンスクリット語で「Bha（光と叡智）」と「rata（専念する、捧げる）」を合わせた言葉です。つまりバーラタとは、「神（光と叡智）に専念する」という神聖な意味となります。

この聖地は、バラタ族が統治していました。バラタ族のシャンタヌ王は、森の中で美しい女性と出会い、求婚しました。その女性は結婚することを承諾しましたが、自分が何をしようと咎めないようにすることを結婚の条件としました。

結婚してから彼女は7人の息子たちを産みました。ところが、彼女は生まれた息子たちを次々とガンジス川に投げ込んでしまいました。シャンタヌ王は、結婚の条件があったので何も言えませんでした。

実は彼女は、ガンジス川の化身である女神ガンガーでした。

やがて8番目の男の子が生まれてきた時、ついに王は女神が息子を川に投げ入れるのを止めました。すると女神は、王が結婚の時の約束を破ったことを理由に息子を連れて立ち去ってしまったのですが、王の願いを聞き入れて、息子を王に渡しました。

王に引き渡すまでの間、息子は女神ガンガーによってさまざまな知識を教えられ、武芸に秀でた人として育てられていました。この息子は後にビーシュマと呼ばれるようになります。ビーシュマは、頭がよく勇敢な王子となりました。

霊的解釈では、女神ガンガーはガンジス川そのものであり、宇宙意識の流れを表しています。また川は、この物質界では水の元素が大きな役割を果たしていることの象徴にもなっています。

ビーシュマまでの７人の子供たちは、この物質世界に下りてきながら、すぐに天界へと戻っていった魂たちの象徴です。これは創世記の頃に地上に滞在した魂の意識は、神の御心にあったことが示されています。

ビーシュマは地上に留まることになった存在であり、自我意識の象徴です。この自我意識は、高次の自我であり、善も悪も無い状態です。

シャンタヌ王の二度目の結婚とビーシュマ

再び独身に戻った王は、美しい漁師の娘サティヤバティに出会います。

王が娘の父親に結婚の承諾を受けに行くと、娘の父親は「娘との間に生まれる子供を王位継承者にすること」を条件に結婚を許しました。

そのため最初の息子であるビーシュマは、シャンタヌ王に結婚しないことと王位を継承しないことを誓います。こうしてビーシュマは、シャンタヌ王の願いを叶えるために王国の陰の立役者となったのです。

第二王妃サティヤバティの過去と聖者ヴィヤーサ

サティヤバティは、ブラフマ神の呪いによって魚の姿となった母アドリカーの娘です。ヤムナー河で暮らしているところに、チェーディ国のヴァス王の精液を飲み込んで妊娠しました。そして出産前に漁師に捕らえられ、漁師がお腹から、2人の男女の人間の子供を取り出しました。漁師は、魚から人間の赤ちゃんが生まれたことに驚いて、この様子をヴァス国王に報告しました。

ヴァス王は、男の子を引き取って養子に迎えますが、女の子は激しい魚臭がしたために漁師に渡しました。その女の子がサティヤバティです。

サティヤバティは、とても美しい女性に成長しました。ところが、彼女の体の魚臭は消えることはなく、その臭いのためにお嫁に行くことが出来ませんでした。

ある日、サティヤバティは、巡礼途中の聖者パラーシャラと出会いました。彼女は聖者に2つの願いを伝えます。処女が失われないことと、身体の魚臭を消すことでした。

聖者パラーシャラは、快くその望みを叶えてあげました。

彼女の激しい魚臭は、最高に香(かぐわ)しいロータスの花の香りに変わり、美しい香りを持つ女性として有名になりました。

この奇跡にサティヤバティは歓喜し、聖者パラーシャラとの間に子供を授かります。その子供が聖者ヴィヤーサです。聖者となったヴィヤーサは、「母が私を必要な時に現れましょう」と約束をして、母と別れます。

その後、サティヤバティは、シャンタヌ王と出会い、結婚することになるのです。

サティヤバティは、天界から物質界への始まりにおいて真理が遍在していることの象徴です。サティヤとは「真理」という意味で、目には見えないけれど宇宙のあらゆるところに存在します。御神事の時に、女性をサティヤバティと呼んで称賛することがありますが、この名前が女神の属性の一面であるからです。

激しい魚臭は、人の魂が物質界において、自我により創造力を誤用して、物質世界での快楽のために自らも動物の中に入ったことを意味します。人類の創世期には神による進化の計画を無視して、半人半獣の姿に自らを投影することもあったことがエドガー・ケイシーによって示されています。

聖者パラーシャラによって、彼女の魚臭が取り除かれましたが、これは神の摂理に従っていれば、創造力の誤用は治すことが出来ることを意味しています。ケイシーのリーディングでも古代エジプトに半人半獣を治していく場所が存在したことが指摘されていますが、このような働きは、地上だけでなく、霊界でも行われてきました。

聖者ヴィヤーサは、神が物質世界を創った時の神の意識を保った人間の象徴です。一方で、ビーシュマは、自我が芽生えて神の意識が不明瞭になった人間の象徴です。

聖者ヴィヤーサが母サティヤバティの元を離れたことは、地上において人間の自由意志に任せることの象徴になります。「母が私を必要な時に現れましょう」という言葉は、いつでも聖なる存在が見守っていることを示しています。

王の継承者たち

シャンタヌ王は、二番目の妻サティヤバティの間に2人の息子（兄チトラーンガタと弟ヴィチトラヴィーリヤ）をもうけ、そのどちらかの王子が、王位を継承することとなりました。しかし、兄は戦争で亡くなり、弟は二人の女性と結婚したものの、やはり若くして亡くなってしまいます。

兄チトラーンガタは、神の意識を維持したために地上には長く留まらなかったことから、物質化される前の分け御霊（みたま）の意識の象徴となります。

弟ヴィチトラヴィーリヤは、神から分離した分け御魂（みたま）（分霊）の純粋自我の象徴です。やはり神の意識を維持するために、地上には長く留まっていません。これが二人とも若くして亡くなったことで象徴されています。ただ、弟の方は、分け御霊としての自我があったために、二人の妃を残し、そこから地上への子孫が繋がっていくことになります。

王妃サティヤバティは、ビーシュマに王家存続のために結婚するよう願いますが、ビーシュマはシャンタヌ王との誓いを守り、独身を通します。

そのためバラタ族の王位継承問題が発生します。王家の血筋を途絶えさせないために、継承者の息子がいない場合には、近親の聖者と姫との間に子供がいれば王位継承権を与えるという取り決めがありました。

シャンタヌ王と妻サティヤバティは、聖者ヴィサーヤに、亡き若い王子の二人の姫たちとの子作りを依頼します。

最初の姫は、聖者ヴィヤーサを怖れて目を閉じてしまいました。そのため彼女が産んだ息子は盲目となりました。この息子がドリタラーシュトラ（兄）です。

次の姫は、聖者ヴィヤーサを清らかに受け入れました。その彼女が産んだ息子がパンドゥ（弟）です。

さらにサティヤバティは、再度最初の姫を聖者ヴィヤーサの元へと送ります。しかしながら姫は聖者の醜さに耐えられず、自分の代わりに召使を派遣しました。召使の女性は礼儀正しく聖者に仕えて、賢者ヴィドゥラを産みました。ヴィドゥラは召使の子であるため、王となる資格は認められませんでした。

霊的解釈では、最初の姫は人間のネガティブな性質を象徴し、二番目の姫はポジティブな性質を象徴しています。そのため、ドリタラーシュトラ（兄）の家系はネガティブな面、パンドゥ（弟）の家系はポジティブな面を受け継いでいきます。

また家系図にも示されている通り、この二人の姫が、人間が地上に下りてからの顕在意識と潜在意識、物質世界と霊界、動物的性質と神聖な性質、悪と善に分かれていくことの象徴にもなっています。

巻頭に示した「バガヴァッド・ギーター」に出てくる登場人物の家系図をよく見てください。登場人物たちの霊的象徴を理解すれば、この家系図から多くのことが見えていきます。

この家系図は、この世界の家系図であると共に、人類が物質界に下りてきてからの歴史を表しています。地上での人間の起源が霊から始まり、次第に物質界へ投影されていき、分け御魂に自我が芽生えていく過程で、物質的な快楽を求めて創造力を誤用したり、自らの霊的な本質を忘れていく方と、神の純粋さを維持する方とに二分化されていく様子が象徴的に描かれています。

また人が生まれてからの歴史図にもなっており、さらに、人の身体の小宇宙の家系図、そして大宇宙の家系図にもなっているのです。

さらに、人は宇宙の縮図であり、人体の各部位も人の縮図となっているように、さまざま縮図がこの家系図の中にも見ることが出来ます。

例えば、家系図を身体としてみる場合にもさまざまな面からの解読法があります。五大元素から見れば、人体は五大元素からすべてが成り立っており、各五大元素は生体内でさらに5つの要素に分かれて身体を構成していきます。空の元素を家系図に当てはめると、グニャータ（認識する者:聖者ヴィヤーサ）、マナス（心:ドリタラーシュトラ王）、ブッティ（理知:パーンドゥ王）、アハンカーラ（自我:ビーシュマ）、そして、パンチャカム（実在、光、至福：シャンタヌ王）となります。

これらの世界は、聖典をすべて読み終えた後で、ぜひ内観し堪能してください。

兄ドリタラーシュトラと弟パーンドゥ

兄ドリタラーシュトラは、盲目だったために王位の継承は出来ませんでした。ビーシュマは、ドリタラーシュトラと隣の国の姫君ガンダーリを結婚させました。ガンダーリは、盲目の夫に忠実であろうとして自らの両目を布で覆い隠しました。

やがて彼女は妊娠しましたが、2年経っても生まれることがなく、お腹を強く叩いて大きな肉塊を産み落とします。

そこに聖者ヴィヤーサが現れて、その肉塊を100に切り分けますが、ガンダーリはあと一つ娘の分も欲しいと懇願し、101個にしました。それらは、ギー（バターの脂肪分）の中に2年間保存しました。それらが100人の息子たちと1人の娘となり、息子たちは「カウラヴァ100人兄弟」と呼ばれます。

さらに、ドリタラーシュトラは第二妃ヴァイシャとの間に、一人ユユツという息子ももうけます。ユユツは唯一人、戦争でアルジュナたちのパーンダヴァ兄弟側につき、生き残ることになります。

弟パーンドゥは、とても勇敢な王になりました。顔が真っ白だったために「蒼白王」と呼ばれるようになりました。

名前のパーンドゥ（蒼白）の語源もサンスクリット語の「pand（白い、純粋な）」に由来します。清らかさ、純粋な知性・理知の象徴です。

白さは、さまざまな聖典でも純粋性の象徴となっています。聖書では次のような記述があります。

「彼らは白い衣を着て、わたしと共に歩みを続けるであろう。彼らはそれにふさわしい者である。勝利を得る者は、このように白い衣を着せられるのである」（ヨハネの黙示録 3:4-5）

ちなみに、クリシュナの肌の色は、濃い青色で表現されています。これは深い青色が無限の色を意味していることに由来します。この無限の色は、誰もが瞑想経験を積んでいくことによって第三の眼を通して観ることが出来る色です。

兄ドリタラーシュトラの盲目とは、無智（無明）を意味しています。このことについては、後に詳述します。

妻ガンダーリも自ら目を覆ったというのは、夫と共に無智になるということを意味します。これは、世界の歴史の中でも、独裁者の妻たちが権力や財産を自我の満足のために使う例がたくさんありますが、それと同じことです。無智と自我は引き離すことができないほど緊密です。物質世界に溺れ、自我の中で無智として生きることを望んだということです。

その自ら無智となったガンダーリは肉塊を産み落とします。この肉塊は、低次の自我意識、そして物質的欲望の象徴です。それを100に切り分けたのは、低次の自我意識からはたくさんの悪しき性質が出てくることの象徴です。

そしてギーの中に2年間入れます。ギーとは、牛の乳を人のために加工したものです。これは人工的な環境しかないところで、2年間育てたという意味になります。人工的な教育、社会化させるための教育は、必ずしも自然の摂理に沿ったものではなく、将来お金や地位などを獲得させるための教育など、自然とは離れた教育になります。

日本では「三つ子の魂百まで」ということわざがありますが、3歳までに覚えたことは一生涯大きく影響することを意味します。

さらに100に切り分けたのは、一人一人の個性を重要視することなく画一的に育てる現代教育の問題点と同様の象徴にもなっています。このような教育を受けた子供たちが、その後どうなっていくのか、「バガヴァッド・ギーター」の中でも明らかになっていきます。

「幼いうちから霊的な世界を知り、理解するための準備を行うことが大切だ」(ローリング・サンダー／北米ネズパース族)

パーンドゥ王の第一妃クンティ

ヤドゥ族の王シューラには、ヴァスデーヴァという息子とプリターという娘がいました。ヴァスデーヴァは、その後クリシュナの父となります。

シューラ王は、子供がいない従兄弟のクンティボージャの元へ娘プリターを養女として授けました。養女となったプリターは、クンティと呼ばれるようになります。

ある日、クンティは聖者ドゥヴァーサスを喜ばせたことから、聖者は神々を呼び出して彼女に子供を授かる秘儀を伝授しました。この秘儀は5回まで使用できるものでした。

クンティは、好奇心からその秘儀を使い太陽神スーリヤを呼び出します。太陽神はクンティに息子を授けますが、彼女は独身であり、人眼を怖れて生まれてきた息子を川に投げてしまいます。

その男の子は、御者によって拾われて、カルナと名づけられて育てられました。カルナはのちに異父兄弟となるアルジュナの強敵になります。

その後、クンティは、パーンドゥ王と結婚します。

パーンドゥ王の呪いと死

パーンドゥ王は、二人の女性と結婚しました。クンティ（子供の頃の名：プリター）とマードリーです。

ある日パーンドゥ王は森の中に狩りに出かけ、過ちを犯してしまいます。王が鹿狩りに出かけた時に、森の中では賢聖がシカの姿をして交尾を行っており、王はそのシカを矢で殺してしまったのです。これによって王は賢聖から呪いをかけられてしまい、二人の妻たちの身体に触れることが出来なくなってしまいました。

その後、美しい妻の姿を見ながら触れることもできない王は、美しい妻たちとの肉体関係を禁じられた生活をします。

ところがある日、自分の第二妃マードリー妃の美しい姿に突然激しく欲情し、彼女にのしかかった状態で呪いによって亡くなります。王の葬儀の際に、マードリー妃は王と共に天国で一つになりたいと願い、夫の横たわる火の中に入り焚死（ふんし）を遂げます。

すべてを超越した神仙ナーラダでさえ、地上で肉体を持って沐浴していた時に、美しい女性として顕現した精霊たちの沐浴している姿を見て、ほんの一瞬心が揺らいだという逸話もあります。それだけ肉体を持つ身にとって、性エネルギーが生体に与える影響が強いということを物語っています。

マードリー妃が火中に入り焚死した話については、さまざまな解釈が出来ますので、内観してみてください。

私は十四世紀に実在した最高のヨギーニ（女性のヨガ行者）であったララ・ヨギシュワリの話を思い出しました。ヨギシュワリ大師は、女性にも関わらずいつも全裸であり、そのことを指摘された時に次のように答えています。「私の周囲には、男性はいないのです」。これは解脱していない無智の男を男性とは見なしていなかったという意味になります。

大師は、人を解脱に導く多くの詩を残した後で、自らの肉体を火の中に投じて葬りました。その後に、悲しみにくれる人々の目の前に再び黄金に輝く衣を纏い元気な姿を現しています。

パーンドゥ王の５人の息子たち

パーンドゥ王には、５人の息子たちがいました。それが「パーンダヴァ兄弟」です。

第一妃の息子たちである長男ユディシティラ、次男ビーマ、三男アルジュナ。第二妃の息子たちである四男と五男は双子のサハデーヴァとナクラ。

パーンドゥ王は呪いによって妃たちに触れることが出来なかったために、神々の力を借りて子供たちを授かりました。王の願いにより、クンティは秘儀を使って神々を呼び出したのです。

長男ユディシティラはダルマ神の力を借りて、勇敢で徳の優れた子に、次男ビーマは風神ヴァーユの力を借りて、力の強い子に、三男アルジュナは神々の帝王とも呼ばれる雷神であり、英雄神でもあるインドラの力を借りて、あらゆる武芸に秀でた人徳に優れた子になりました。この三人が、第一妃クンティとの間に「真言」によってもうけた子供たちです。

そして第二妃マードリー妃のためにも、アシュヴィン双神を呼び出して、双子のサハデーヴァとナクラを授かりました。マードリー妃亡き後、この双子も第一妃であるクンティが育ての母となりました。こちらは、パーンドゥ王家となります。

パーンドゥ王の死をきっかけに、バラタ族は二つの王家に分裂していくのです。

ドリタラーシュトラ新王

弟パーンドゥ王の死によって、兄であるドリタラーシュトラが王位を継承します。

パーンドゥ王の5人の子供たちは、ドリタラーシュトラ新王に引き取られ、カウラヴァ100人兄弟と共に同じ宮殿内で育てられることになりました。

パーンダヴァ5人兄弟とカウラヴァ100人兄弟

パーンダヴァ5人兄弟とカウラヴァ100人兄弟、彼らは共に長老ビーシュマに王族の心構えと振る舞いを学び、武術の師クリパと弓の達人ドローナによって武術を学びました。

パーンダヴァ兄弟は、行儀がよく、優秀なため、人々から愛される存在となりました。座学においても武術においてもパーンドゥ5人兄弟は優秀な成績を修め、カウラヴァ100人兄弟たちを凌駕しました。

ある時、クリパ師の命令によって、ドリタラーシュトラ王の御前で武術披露会が開催されました。

アルジュナが飛びぬけて優秀な武術演技を披露したとき、カルナが現れてアルジュナに挑戦しました。カルナは、同じ母クンティの子です。アルジュナに敵対するカルナのことをカウラヴァ兄弟の長男ドゥルヨーダナは気に入って、永遠の友情を結びます。

優秀なパーンダヴァ兄弟の活躍を、カウラヴァ100人兄弟たちは快く思わずに嫉妬し、次第に憎しみへと変わっていきました。そしてカウラヴァ100人兄弟たち、特に長兄ドゥルヨーダナは敵意を強く抱いて、パーンダヴァ兄弟に対して卑劣な行為をするようになっていきます。

ドゥルヨーダナは、パーンダヴァ兄弟たちの食事に毒を混ぜて殺害しようとしましたが、失敗に終わりました。

次にドゥルヨーダナは、パーンダヴァ兄弟たちを、燃えやすい素材で作らせた宮殿に招き、夜中に放火しました。しかしながら、賢者ヴィドゥラによって危険が予知されていたために、地下道を通って無事に避難することが出来ました。人々は、パーンダヴァ兄弟が焼死したものと思い込んでいたため、彼らはしばらく身を隠すことにしました。

身を隠している時に、パンチャーラ国のドルパダ王が、娘のドラウパディーのために婿選式(せいせん)を開催します。この時代の婿選式は、何日もかけて盛大に行われるのが一般的でした。ここに身を隠していたパーンダヴァ兄弟のアルジュナがバラモンに変装して参加しました。

卓越した弓の腕前によって、アルジュナはドラウパディーを妻として迎え入れることになりました。その後ドラウパディーは、過去のカルマにより、パーンダヴァ兄弟5人全員と順番に結婚することになります。このことについてはまた詳述します。

パーンダヴァ兄弟たちが生きていて、ドラウパディーと結婚し、血縁によって強国との同盟を結んだという知らせは、ドリタラーシュトラ王の耳にも入ります。ドゥルヨーダナやカルナたちは、パーンダヴァ兄弟と戦うことを主張しますが、ビーシュマが彼らに公正に半分に分割するように提言し、ドリタラーシュトラ王はその助言を受けて、パーンダヴァ5人兄弟たちとカウラヴァ100人兄弟たち、それぞれに土地を分け与えました。王は自分の息子カウラヴァ兄弟たち可愛さに、パーンダヴァ兄弟には最もすさんだ荒野を与えました。

アルジュナ自らの12年間の追放

パーンダヴァ兄弟たち5人は、共通の妻ドラウパディーと結婚した後で、取り決めを行いました。兄弟たちは順番にドラウパディーと結婚し、どの兄弟であっても、他の兄弟がドラウパディーと二人きりでいるところを邪魔してはならないという規則を作り、これを守れない場合には、12年間追放するという罰則を決めたのです。

ある日、アルジュナは、バラモンの一人に助けを求められました。バラモンの所有する牛が窃盗団に盗まれて、助けられるのはアルジュナしかいなかったのです。ところが、アルジュナの弓は、長男ユディシティラと妻ドラウパディーが寝ている寝室に置いてあり、急を要することから寝室に入らなければなりませんでした。

アルジュナは12年間の追放の罰を覚悟してでも、人助けをしたいと、寝室から弓を取り出し、窃盗団を制圧しました。家族は全員アルジュナの功績を讃えて、追放しないことに決めましたが、アルジュナは兄弟間の規則を破ったのだからと、自ら12年間の旅に出ました。

パーンダヴァ5人兄弟の国の繁栄

パーンダヴァ5人兄弟の国インドラプラスタ（現在のデリー近郊）は、すさんだ荒野を開拓し、立派な都市を作り、兄弟たちの功績によって栄えていきました。そして長男のユディシティラが国王に就任。パーンダヴァ5人兄弟の宮殿は、偉大な建築家によって造られました。

その様子を見て、カウラヴァ100人兄弟の長男ドゥルヨーダナは激しく嫉妬します。そして、パーンダヴァ5人兄弟の国を潰す計画を立てました。

「あなたが生きているところを素晴らしい場所にすることに、あなた自身、あなたの人生、あなたの仕事を捧げなさい」（エドガー・ケイシー3519-1）

カウラヴァ100人兄弟たちによる罠

パーンダヴァ5人兄弟の長男ユディシティラの唯一の欠点は、真っ直ぐ過ぎる性格でした。

当時のクシャトリヤ階級（古代インドの身分制度であるカースト制度第2位の王族・武人階級）では、誰かが戦いを申し込んだ場合、逃げることは弱者とされていました。そのことを利用して、カウラヴァ100人兄弟の長男ドゥルヨーダナが、ユディシティラに対して博打を仕掛けました。それはイカサマ賭博でした。

ドゥルヨーダナは、盲目の王ドリタラーシュトラに次のような手紙を出すように言いました。「お前たちは皆私の子供たちだ。ここに来て一同が集まり、サイコロ遊びで楽しいひと時を過ごそうではないか」。

何も知らないユディシティラは、サイコロ遊びにやってきました。そしてドゥルヨーダナは、賭けを提案し、ユディシティラはその賭けを強者の証として逃げることなく引き受けたのです。こうして、ユディシティラは罠にあっさりとはまってしまいました。

この賭博によって、ユディシティラはすべての国土と財産を失い、国王の妻ドラウパディーは奴隷扱いされました。

ドラウパディーは、公衆の面前で髪の毛をつかまれて引

ごあいさつ

「まなひくらぶ」とは、出版社きれい・ねっとがプロデュースする、愛と真理に満ちた「言葉」でつながり、新しい時代を幸せに生きるためのコミュニティです。自らの人生の「変容」のスイッチをオンにして、「みんなで幸せに生きたい」「スピリチュアルな学びを深めたい」そんな想いをお持ちのあなたと、ぜひ楽しくご一緒できましたら幸いです!

きれい・ねっと代表　山内尚子

私たちもまなひくらぶのメンバーです

獣医師
森井啓二

破壊と創造の時代、明るい未来を先駆けて美しく生きる人たちと繋がっていきましょう。

画家・作家/雅楽歌人
はせくらみゆき

「まことなるなごやかなるはひかりあれ」まなひくらぶでミタマを磨いて、共に喜びの中で歩んでいきましょう。

錬堂塾主宰・長老
杉本錬堂

世界が少しでも良くなるように、皆で手を携えて、真摯に学び、大切に丁寧に生きていきましょう。

「まなひくらぶ」の詳細・お申込みはこちらから

「まなひくらぶ」で検索
または右記のコードをスキャン

まなひくらぶ　検索

https://community.camp-fire.jp/projects/view/550491

ManahiClub

きずり回されました。その有様は悲惨を極めていました。そして邪悪なドゥルヨーダナは、皆が見ている前でドラウパディーの全裸を晒すことを思いつきました。

その時、人目に付かないところでクリシュナが黙って立ち上がり、静かにドラウパディーを祝福しました。すると、ドラウパディーが身に纏っているサリー（衣服）は、邪悪なドゥルヨーダナが剝ぎ取っても剝ぎ取っても、あとからあとから無限に出てきました。

この「イカサマ賭博」は、地上（マーヤ：幻想）における物質至上主義的な行為、人間社会における神の摂理に反する行いを象徴しています。今や、政治の世界でも、経済の世界でも、もっと身近なところでも、「イカサマ賭博」とされる行いが蔓延しています。

退廃的な種類の娯楽や虚飾の世界で地上での時間を費やしてしまうことで、貴重な人生をどれだけ無駄にしてしまうことでしょう。

徳の高いユディシティラでさえ、この地上の誘惑の罠に嵌ってしまったのです。ユディシティラは、この行いによって「快楽の道」の苦しみを味わい、それをきっかけに「至高善へ向かう道」へと明確に向かうことになります。

一日のほんのわずかな時間も瞑想などの自分の霊性を高

める時間がないといいながら、ゲームをしたり、テレビを見たり、ＳＮＳに没頭する時間なら、たくさんあるという人が多いのではないでしょうか。

自分の環境が瞑想するのに相応しくないと言って、先延ばしにする人もいます。また、眠気があると瞑想をさぼることもよくあることです。でも、何もかもが理想的な環境など、そんなに簡単に見つけられるものではありません。

眠るのに、理想的な環境ではないからと眠るのを止めることができるでしょうか？誰でもどんな環境でも、必要であれば眠るでしょう。瞑想も同じで、地上に下りてきた人間が使命に最善を尽くすためには瞑想が必要です。今自分が置かれた環境で行うことです。

「誘惑に陥らないように、目を覚まして祈りなさい。心は熱くなっていても、肉体が弱いのである」（マタイによる福音書 26:41）

瞑想は、勉強に似ています。最初は誰でも勉強よりも遊びの方が楽しいのです。でも頑張って勉強を続けていると、次第に自分の興味ある分野の勉強がとても楽しくなっていきます。それは勉強するだけ、視野が広がっていくからです。

インドの聖典にはよく「マーヤ」(幻想・幻妄・幻力)という言葉が出てきます。これは、サンスクリット語で「計る」という意味になります。神の創造活動の中で宇宙的な幻影を創り出す力のことです。実在ではすべてが一体で無限の状態を、あたかも分離した有限なものであるかのように現すことです。

幻影の世界を創り出すことによって、地上に下りた人間に無智の覆いを被せて、意識を物質の中に埋没させます。その無智の状態から再び神へと向かうことが出来れば、魂はより輝きを増すことになります。幻影の世界は、魂に試練を与える特殊訓練所のような役割を担っているのです。

どんな人でも地上に来ると、強い自我の引力と世俗的な欲望の影響で、悟りの道という人生の目的から一時的に離れてしまうことが起こります。

でも、自我を揺るがすような何らかの出来事によって、悟りの道へと戻されるのです。その出来事は、自然災害であったり、大病であったり、その人の過去のカルマによってさまざまですが、インド哲学では、「三種の苦しみ」として知られています。大きな苦しみこそが、悟りの道へと回帰させる力を持っているのです。

インドの神であるシヴァ神が持つトリシューラという三叉槍の先端は、愛、行動、智慧の三つや創造、維持、破壊などの三様など、さまざまな状態の象徴とされています。それと共に、人を至高の道へと向かわせるきっかけとなる「三種の苦しみ」をも象徴しています。

日本でも、禍事が人々を幸せへと導くとして、さまざまな禍事を「禍津日神」と呼び、尊重しているのと似ています。

聖書でも、肉体を持つ者が欲望の餌食になりやすいことが示唆されています。

「死体のある所には、またハゲタカが集まるものである」(ルカによる福音書 17:37)

これは、死体（肉体的執着、幽体的執着）には、ハゲタカ(欲望)が集まり、解脱の障害になることを示しています。

「見よ、これらは悪しき者たちであるのに、安らかで、その富は増し加わっていく。私はいたずらに心を清め、罪を犯すことなく手を洗った。私は、一日中打たれ、朝になるとまた懲らしめを受けた」(詩篇 73:12-14)

「わたしのために、人々があなたを罵り、迫害し、あなたがたに対して偽りの悪口を言う時には、あなたがたは幸いである」(マタイによる福音書 5:11)

パーンダヴァ５人兄弟の追放

その後、ドリタラーシュトラ王の仲裁によって、今回の賭博で失った王国はユディシティラに返還され、ドラウパディーの望みにより５人の王子の身も自由となりました。

この仲裁によって、パーンダヴァ兄弟からの報復を恐れたドゥルヨーダナは、再度イカサマ賭博を仕掛けます。これもイカサマであるために、ユディシティラは再び賭けに負けてしまいました。

その結果、パーンダヴァ５人兄弟は12年もの期間、国外追放となり、森の中での生活を強いられました。さらにその後１年間の謹慎処分が科せられました。ただこの間、パーンダヴァ兄弟たちは、精神修養を行い、多くの功績を積み重ねていきました。

「マハーバーラタ」で出てくる森の中とは、自然界の森であると同時に、精神世界の中のことを意味しています。そのため森の一部にはバラモンの行者たちがいて、さらに奥には聖仙たちしか出てきません。聖仙たちは森の中をよく知り、ヴェーダを学ぶ人たちのために、森の中に安全な場所を創りました。

森の中への追放は、物質世界に囚われた人から見れば悲劇であっても、神を信仰する者にとっては貴重な経験となります。

パーンダヴァ兄弟たちは、森で生まれ、自然界で過ごす時間も多くありました。生涯のほとんどを貧しく過ごしましたが、多くの幸せと心の豊かさに満ちていました。

一方で、カウラヴァ兄弟たちは、人工的な宮殿で生まれて、一生人工的な場所だけで暮らし、物質的には裕福でしたが、その生涯は嫉妬と憎しみや苦しみに満ちていました。

「我々は信じることがある。所有物への愛着こそが、人が打ち勝たなくてはならないものだ。それは物質的な部分に訴えかけて、そのまま放置すれば、いつかその人間の精神的なバランスを乱してしまうことになるだろう。子供たちは、早い時期から物に執着しないことの美点を学ばなくてはならない」（オヒィェサ／北米ダコタ族）

「緑あふれる山々は、石でできたビルよりも遥かに美しい。都市ではすべてが人工的なものばかりだ。自分の足元の本物の土の感触すら知らない人がたくさんいる。植木鉢で育つ植物しか見たことのない人たちもいる。夜の明るい街灯のせいで、感動する満天の星にも目がいかない人たち。グレートスピリットから遠く離れて暮らす時、人は大いなる精霊が定めた掟をあっさりと忘れてしまうものだ」

（ウォーキング・バッファロー／北米ストーニー族）

12年間とは、地上の時間としての12年間と、さまざまな周期の単位の象徴としての意味が重ねてあります。人が、肉体と心を物質的な性質から霊的な性質へと完全に入れ替えるための期間を象徴しています。

人の幽体は、霊眼の周りを周回する12の内的な極によって構成されています。それは、外的な世界の宇宙にある太陽と黄道帯の十二宮の縮図となって、繋がっています。そのため人には、12年の周期が存在します。

一度身についた物質的な性質を霊的性質へ、悪しき性質を神聖な性質へと変容するには、時間がかかります。

その後の追加の1年間は、熟成、安定させるための期間です。蛹から出てきたばかりの蝶は、飛び立つまでにしばらくの時間が必要ですが、それと同じように移行した直後には安定する期間が必要なのです。

この「バガヴァッド・ギーター」は6回もしくは12回読んで理解することで、解脱へと導かれるとされています。

700節を一節ずつ丁寧に読んで、内観し、実践していきます。毎日一節ずつ行うと、6回目を終了するまでに、12年間かかります。毎年十数日の余裕が設けられているのは、理解するのに難しい箇所があるためです。

12回行うと24年、これはアルジュナが費やした霊的修業の年数と一致します。

「あなたの受けようとする苦しみを怖れてはならない。見よ、悪魔があなたがたのうちのあるものを試すために、獄にいれようとしている。あなたがたは十日の間、苦難に合うであろう。命尽きるまで忠実であれ。そうすれば、命の冠を与えよう」(ヨハネの黙示録2:10)

「問題は生じるたびに、それらがあなたを強くしてきた」(エドガー・ケイシー2559-1)

パーンダヴァ兄弟の再生

兄弟たちが森の中を放浪していたある時、兄弟たちは喉の渇きに苦しんでいました。そこで一番若いナクラが水を探しに出かけました。ナクラは、ようやく美しい湖を見つけました。湖の水は水晶のように輝き、ナクラはすぐに水を飲もうとします。

その時、どこからともなく声がありました。
「待ちなさい。子供よ、水を飲む前に私の質問に答えなさい」。

ナクラは激しく喉が渇いていたため、この声を無視してまずは水を飲みました。そしてそのまま死んでしまいます。

なかなか戻ってこないナクラを探しに兄のサハデーヴァが湖に到着します。彼も喉が渇いていたために、真っ先に水を飲み、ナクラと同じように死んでしまいます。同じようにアルジュナとビーマも水を飲み、死んでしまいました。

最後に長男のユディシティラが湖にやってきます。ユディシティラは兄弟たちの死体を発見し、嘆き悲しみました。その時、同じように声が聴こえました。

「子供よ、まずは私の質問に答えなさい。そうすればお前の悲しみと渇きは癒されるであろう」。

ユディシティラが、声が聞こえる方向へ振り向くと、鶴の姿をしたダルマ神が立っています。

「天へ繋がる道に必要な条件は何か？」と、ダルマ神が問います。

「正直に生きること」と、ユディシティラが答えます。

「では、人が幸福でいるのはどうすればよいのか？」

「正しい行いに心がけること」。

「悲しみを消すには何を克服すればよいのか？」

「自分の利己的な心」。

「人が愛されるのはどのような時か？」

「謙虚でいる時」。

「この世界の最大の脅威は何か？」

「すべての人は死があるのに、自分だけは死なないと思っていること」。

「人が宗教性を持つにはどうしたらよいのか？」

「聖典や教義や議論などではなく、神聖な生き方をすることが宗教性に繋がる」。

ここで鶴は、「それでは死んだ4人のうち、1人だけ生き返らせてあげよう。1人を選びなさい」と言いました。

ユディシティラは、ナクラを選びました。それを聞いた鶴は、「なぜ血の通ったビーマやアルジュナを選ばなかったのか？」と聞き返します。

ユディシティラは、「自分の母クンティは、自分が生き残れば悲しみに耐えられるでしょう。でももう一人の亡き母マードリーのためにナクラを選びました」と答えます。

鶴に変身していたダルマ神はこの答えに満足して、ユディシティラを祝福するとともに、4人の兄弟たちを生き返らせました。そして、自分がダルマ神であることを告げました。ユディシティラの父です。

戦争の前兆

パーンダヴァ兄弟の追放により、この間、すべての土地をカウラヴァ100人兄弟が支配することになりました。

パーンダヴァ5人兄弟が12年間とさらに1年の謹慎期間を終えて世に出てきた時、カウラヴァ100人兄弟たちは報復を怖れて、さらに13年間の隠遁生活を強要しようとします。

ビーシュマたち長老はこれに異論を唱え、パーンダヴァ5人兄弟が約束の期限をきちんと果たしたことを保証しました。

ところが、カウラヴァ100人兄弟たちは聞く耳を持たず、パーンダヴァ5人兄弟がたった5つの村だけでもいいと譲歩しても、それを拒否し、針の先端ほどの大きさの土地さえ渡したくないと言い出し、最終的には戦場で戦って決着をつけると主張しました。カウラヴァ100人兄弟たちは、勢力的に、パーンダヴァ5人兄弟に勝てると思っていたのです。

自分自身の心に平和がなければ、他の人との間に平和を見出すことは出来ません。これは、低次の自我による強い所有欲の象徴でもあります。

最後にクリシュナが調停に乗り出し、パーンダヴァ兄弟たちに土地を返還するよう提案しました。しかし、カウラヴァ兄弟は和解を拒否します。

この話は、まるで北米先住民族たちが平和に暮らしていた土地を突然理不尽に奪われて、抵抗すると殺されてしまった事実を思い出させます。

「大地はすべての人の母であり、そこではすべての人が等しい権利を持つべきだ」(酋長ジョセフ／北米ネズパース族)

「人生は、しばしば自分がこうあってほしいと思っている道ではなく、本人の存在意義が最大限に発揮される困難な道へ、否応なしに導かれることがあります」(シルバー・バーチ)

こうして、正義を掲げたパーンダヴァ5人兄弟は、土地を奪還するために戦いを挑むことになります。この一連の戦争を「マハーバーラタ」の戦いと言います。

戦争の前に、相互に使節を派遣して和平交渉を行いましたが、上手くは進展しませんでした。ビーシュマやドローナらも和平の条件を受諾するようにドゥルヨーダナの説得を試みましたが、ドゥルヨーダナはすべてを拒否します。

「不義な者はさらに不義を行い、汚れた者はさらに汚れたことを行い、義なる者はさらに義を行い、聖なる者はさらに聖なることを行うままにしておきなさい」(ヨハネの黙示録22:11)

「優れた酋長は与えるものだ。人から搾取はしない」(北米先住民モホーク族の言葉)

クリシュナへの相談

その後、カウラヴァ100人兄弟の長男ドゥルヨーダナとパーンダヴァ5人兄弟の三男アルジュナは、従兄弟であるクリシュナに相談に行きました。

ドゥルヨーダナが先にクリシュナの元へ到着しました。クリシュナが寝ていた(フリをしていた)ので、ドゥルヨーダナは椅子に座り、ふんぞり返ってアルジュナを待ちます。

それから間もなくしてアルジュナが到着しました。アルジュナは敬虔に目を閉じているクリシュナの足元にそっと自分の両手を添えました。ここでクリシュナは目を開きます。

クリシュナは二人を前に平等に提案をします。

「戦いの援助として、私のヴリシュニ族の1万人の強力な軍隊を選ぶか、戦うことのない私クリシュナを選ぶか、ここで決めなさい。私が目を開いたときに最初に目の前にいたアルジュナから選びなさい」とクリシュナは言います。

アルジュナは戦わないクリシュナを選び、ドゥルヨーダナは軍隊1万人を選びました。これは双方が納得した選択となりました。アルジュナはクリシュナの心という精神的なものを求め、ドゥルヨーダナは物質的なものを求めています。

「ある者は戦車を誇り、ある者は馬を誇る。しかしわれらは、われらの神、主の御名を誇る」(詩篇 20:7)

「このことを知っておきなさい。主と共にいるということは、圧倒的多数の側に在ることである」(エドガー・ケイシー 1494-1)

「人間はどんな時にでも、力(金銭の力、権力、その他物理的物質的力)を、その答えとして行使してきた。これは一度として神の方法になったことはない。これからも決して神の方法になることはない」(エドガー・ケイシー

3976-8）

ドゥルヨーダナには、クリシュナの心、神の御心が見えなかったのです。

「法は行蔵なし、人に随って去来する（仏は現れたり隠れたりすることはありません、人の心の在り方により、見えたり見えなかったりするのです）」（空海／御請来目録）

それからクリシュナは、ドゥルヨーダナの元に単身乗り込み、戦いをやめるよう説得しました。それでも無敵の軍隊を引き入れたドゥルヨーダナ側は平和的解決に応じることなく、戦争は不可避になりました。

この時、ドゥルヨーダナは、クリシュナを自分の軍隊に引き入れるため生け捕りにしようと試みましたが、これは失敗に終わりました。

クリシュナは、パーンダヴァ5人兄弟の母であるクンティ夫人にも挨拶に行きました。クンティ夫人は、「クシャトリヤの母が、子供たちをこの世に生み出した目的を果たす時が、ついにやってきました」と言って、息子たちにクシャトリヤとしての義務に躊躇なく命を懸けることを伝えるよう、クリシュナに伝言しています。

和平交渉の決裂

和平交渉が完全に決裂し、両陣営は戦争の準備に入りました。

同族の戦争であるために、戦闘に先立ってルールが決められました。戦闘は日の出から日没までとすること、同種の部隊同士が同一の武器を持って戦うこと、相手に戦うことを宣言してからでないと戦ってはならないこと、戦闘能力を失ったもの、降伏した者、逃亡した者を殺さないことなどがルールに盛り込まれました。

ドゥルヨーダナは、ビーシュマに総指揮官を依頼します。ビーシュマは、カウラヴァ兄弟側につくが、両軍とも同じ血縁関係にあるので、自分はパーンダヴァ兄弟を殺さないことを条件にしました。そしてカルナを重要な役に就かせることに反対しました。これを聞いたカルナも、ビーシュマが指揮官でいる間は戦列に加わらないことを宣言しました。

盲目の王ドリタラーシュトラは自分の子供であるカウラヴァ100人兄弟可愛さに、和平交渉に対しても、この戦争に対しても何も言えません。

ついにここから、「マハーバーラタ」の十八日の壮絶な戦いが始まります。

本書では、まず第1章の原文を読んで全体像を把握してみることから始めていきましょう。

Chapter 1.

第1章

アルジュナの悲哀のヨーガ

ドリタラーシュトラ王は言った。

「聖地ダルマクシェートラ、クルクシェートラの地に、戦おうとして集結した、私の息子達とパーンドゥ王の息子達は何をしているのか、サンジャヤよ。(1)」

サンジャヤ

「さて、王子ドゥルヨーダナは布陣したパーンダヴァ軍を見渡し、軍師のドローナに近づいて、次のように言った。(2)」

「師よ、あなたの有能な弟子であるドルパダの息子（ドリシュタデュムナ）が配置した、このパーンドゥ王の息子達の大軍を見よ。(3)」

「ここには、勇猛な戦士アルジュナやビーマに匹敵する弓の達人達がいる。ユユダーナ、ヴィラータ、偉大な戦士ドルパダ、(4)」

「ドリシタケートゥ、チェーキターナ、勇猛なカーシラージャ、プルジット、クンティボージャ、勇者シャイビャ、(5)」

「勇猛なユダーマニュ、勇敢なウッタマウジャ、スバドラーの息子、ドラウパディーの息子達。すべてが戦車に乗る偉大な戦士である。(6)」

「二度生まれたる最も高貴な方よ、我等の卓越した武将達、わが軍の指導者達について知りたまえ。参考までに彼等の名前を申し上げる。(7)」

「高徳のあなたご自身、ビーシュマ、カルナ、戦勝者クリパ、アシュヴアツターマ、ヴィカルナ、ソーマダッタの息子、ジャヤドラサ。(8)」

「その他、百戦錬磨の勇士達、彼等は多様な武器を持ち、身を挺して私のために尽くそうとしている。(9)」

「ビーシュマが率いるわが軍は強大であるが、ビーマが率いる彼等の軍は貧弱である。(10)」

「そこで、あなた方は全員で各部署を固め、何としてもビーシュマを守れ (11)」

「ドゥルヨーダナの士気を高めるために、クル族の最長老で勇敢な祖父のビーシュマは、獅子吼して、法螺貝を吹き鳴らした。(12)」

「その時、突然、法螺貝、大太鼓、小太鼓、軍鼓、角笛が一斉に鳴り響き、すさまじい喧騒に包まれた。(13)」

「すると、マーダヴァ（クリシュナ）とパーンドゥの子（アルジュナ）は、白馬に引かせた荘厳な戦車の上で、神聖な法螺貝を優雅に吹き鳴らした。(14)」
「クリシュナ（フリシーケーシャ）はパーンチャジャニヤという法螺貝を、アルジュナ（ダナンジャヤ）はディーヴァダッタという法螺貝を吹き鳴らした。猛将ビーマ（ヴリコーダラ）はパウンドラという大法螺貝を吹き鳴らした。(15)」
「クンティの子・ユディシティラ王はアナンタヴィジャヤという法螺貝を吹き鳴らし、ナクラはスゴーシャ、サハデーヴァはマニプシュパカという法螺貝を吹き鳴らした。(16)」

「弓の達人カーシ王と大戦士シカンディ、ドリシタデュムナ、ヴィラータ、無敵のサーティヤキ、(17)」
「王よ、ドルパダ、ドラウパディーの息子達、腕達者なスパドラーの息子も、一斉に法螺貝を吹き鳴らした。(18)」
「激しい音は天地に轟き、ドリタラーシュトラの息子達の心臓が引き裂かれんばかりに。(19)」

「こうして、戦闘が始まろうとした時、ハヌマーン（神猿）の旗印を掲げるアルジュナは、布陣したドリタラーシュトラの軍勢を見て、弓を手に取り、クリシュナに向かって次のように言った。(20)」

アルジュナ
「不動不滅の人（クリシュナ）よ、私の戦車を両軍の間に止めたまえ。戦おうとしてここに対峙する戦士達を見渡し、誰と戦うべきかを見極めたい。(21、22)」

「ドリタラーシュトラの邪悪な息子（ドゥルヨーダナ）を喜ばせよう

として、この戦場に集結した人々を、私は見極めたい。(23)」

サンジャヤ
「バラタ王の子孫（ドリタラーシュトラ王）よ、アルジュナにこう言われて、クリシュナは、両軍の中間に、ビーシュマとドローナとすべての王達の面前に、最強最高の戦車を止めて言った。「プリターの子（アルジュナ）よ、集結したクル族の人々を見よ」と。
(24、25)」

「プリターの子（アルジュナ）は立ち上って両軍を見渡し、父達、祖父達、師匠達、叔父達、兄弟達、従兄弟達、息子達、孫達、義父達、友人達の姿を認めた。(26)」

「アルジュナは対峙する同族の軍隊を見渡して、深い悲しみに陥り、悲痛の思いで言った。(27)」

「クリシュナよ、今、私は戦おうとしてここに集まった親族を見て、手足の力が抜け、口は渇き、(28)」
「体は震え、身の毛がよだつ。ガンディーヴァ弓は手から落ち、全身の肌が熱い。(29)」

「私は立っていられない。クリシュナよ、心が乱れ、不吉な予感がする。(30)」

「戦闘で親族を殺せば、良いことはないだろう。クリシュナよ、私は勝利も王国も、快楽をも望んでいない。(31)」

「王国も、快楽も、生命さえも、何になろうか、ゴヴィンダ（クリシュナ）よ。(32)」
「我等は彼等のために王国と快楽と幸福を求めてきたのに、その彼等は生命と財産を賭けて、この戦場に立っている。(33)」
「師匠達、父達、息子達、祖父達、叔父達、義父達、孫達、義兄弟達、その他の縁者達。(34)」

「私が彼等に殺されようとも、私は彼等を殺したくない。クリシュナよ、三界の王座を得るためにも彼等を殺したくないのに、地上の王座を得るために、殺すことができようか。(35)」
「クリシュナよ、ドリタラーシュトラの息子達を殺して、我等にどんな喜びがあるだろう。この無法者達を殺せば、罪は我等に降りかかる。(36)」
「だから、親族であるドリタラーシュトラの息子達を殺すべきではない。クリシュナよ、
親族を殺して、どうして幸せでありえようか。(37)」

「貪欲で心の汚れた彼等が、親族を殺す罪と友人達と戦う罪を理解しなくても、(38)」
「王族滅亡の罪を知る我等が、この罪を避ける道をなぜ知っては

いけないのか。(39)」
「王族が滅亡すれば、由緒ある慣習（婚姻制度）が滅びる。家族の聖なる慣習が滅びれば、王族全体が不徳になる。(40)」
「不徳がはびこれば、王族の婦人達が堕落する。婦人達が堕落すれば、四姓制度が混乱する。(41)」
「四姓制度が混乱すれば、祭餅と神酒（水）の供養を受けられなくなった祖先達が地獄に落ちる。こうして、大勢の家族もその破壊者達も地獄に落ちる。(42)」

「同族殺害という蛮行により、四姓制度が混乱し、不朽の四姓制度も家族法も崩壊する。(43)」
「クリシュナよ、家族法が崩壊した人々の終の住処は地獄であると我等は聞いている。(44)」
「王国の喜びという欲に駆られて、我等は、あぁ、親族の殺害という大罪を犯そうとした。(45)」
「武器を持たずに無抵抗な私を、ドリタラーシュトラの息子達が武器を手にして殺害しても、それは私が望むところだ。(46)」

サンジャヤは語った。
「こう言うと、戦場で悲しみに打ちひしがれたアルジュナは、弓と矢を投げ捨てて、戦車の座席に坐りこんだ。(47)」

Chapter 1.

第1章
アルジュナの悲哀のヨーガ 精解

I. atha prathamo adhyāyaḥ
(arjunaviṣādayogaḥ)

dhṛtarāṣṭra uvāca

dharmakṣetre kurukṣetre samavetā yuyutsavaḥ

māmakāḥ pāṇḍavāś caiva kim akurvata sañjaya 1.1

ドリタラーシュトラは言った。

「聖地ダルマクシェートラ、クルクシェートラの地に、戦おうとして集結した、私の息子達とパーンドゥ王の息子達は何をしているのか、サンジャヤよ (1)」

第一章の最初は、盲目の王ドリタラーシュトラの言葉から始まります。

ドリタラーシュトラ王は目が見えないため、聖者ヴィヤーサは、王に戦争が見えるように視力を与えようと申し出ました。しかし、王は怖れからこの申し出を断ります。

王は、「私は自分の家族たちが戦う姿を見たくない。でも戦いの様子は知らなければならない」と言いました。そのため、聖者ヴィヤーサは、王の従者サンジャヤに千里眼能力と天耳通（てんにつう）を与えて、戦場の出来事を王に伝えさせるように取り計らいました。

ドリタラーシュトラ王は、サンスクリット語の「dhrta（強く支える)」、「rastra（王国・世界)」、「raj（規則)」を合わせた名前であり、「感覚器官の世界に強く繋がっている」という意味になります。欲望に負けて地上の感覚器官から離れられない人間の性質を意味しています。

この王が盲目であるというのは、心の目が盲目、つまり「無智」を象徴しています。無智とは、神の意識を忘れてしまった人間です。無智であるからこそ、地上の出来事に執着してしまうのです。

インド哲学で言う無智・無明（アヴィディヤー）とは、一般的な日常生活での物や人や知識を知らないという無知ではなく、「真我」に関する無知のことを示しています。「ア」（〜ではない)、「ヴィディヤー」（智慧）を合わせた言葉です。

真我に関して無知であると、低次の自我意識によって誤った自己を真我とみなし、そこにさらに誤った知識を上乗せしていき、低次元から抜け出せない苦を生み出していきます。

ヨーガ・スートラ第二章では、「無智は、無常を常、不浄を浄、苦を楽、自己でないものを自己とみなすことである」と定義されています。

この状態では、無智という土台から、低次の自我が生まれ、欲望や執着が生まれ、そこから無数の煩悩が生まれて人を間違った方向へと導いていきます。この無智と欲望と負の行為の連鎖が人間を輪廻に縛り付けているのです。

ヨーガ・スートラでは、「無智、低次の自我、執着、憎悪、生命欲がサマーディの障害となる」と説明されています。生命欲は、死んだらお終いという観念に基づいて負のカルマを作り出す行動を起こしてしまいます。

盲目の王は、聖者ヴィヤーサの視力を与えるとの申し出を断りました。これは無智な状態の人は、無智なままでいたいという低次の自己が持つ願望の現れです。無智であれば、義務や責任を放棄して、欲望のままに生きることに甘んじていられるからです。これは、輪廻転生から抜け出ることのできない人の性質を象徴しています。

瞑想を始めるにあたって、「いつかやりたいけれど、今はまだ準備が出来ていない」と先延ばしにする人が多くいます。瞑想を始めると同時に、心を制御していくことを学び、心身を清らかに保たなければならないからです。

「心病衆（おお）しといえどもその本は唯一のみ、いわゆる無明これなり」（空海／秘密曼荼羅十住心論）

この空海の言葉は、「心の問題は数多くあっても、すべての問題の根源はただ一つ。それは無智であることだ」という意味です。無智であるうちは、人生は目を閉じて道を彷徨っているに過ぎないと空海も述べています。

そして、元は聖地であったダルマクシェートラ（正義の地）をクル族の中の悪しき人々が自分たちの欲望と無智により穢してしまい、クルクシェートラの地（悪のある地）に変えてしまいました。

つまり「バガヴァッド・ギーター」の舞台は、戦いの場クルクシェートラであると同時に、神の正義と法の場ダルマクシェートラでもあるのです。

これは純真無垢で生まれてきた赤ちゃんが、成長する過程で自我と欲に芽生えてから、さまざまな欲望や怒りや憎しみといった感情によって純真さが穢され、次第に神の摂理と反する行動をしていく様子、つまり人が無垢の状態で初めて地上に下りてきてから、輪廻転生を繰り返すうちに次第に自我によって穢れていく様子が象徴されています。

その一方で、良い心構えが悪しき心構えに勝れば、再び聖地に戻る（神聖で純粋な人となり、神と再び合一する）ことができることも意味しています。

「クシェートラ（ksetre）」とは、土地のことを示すと同時に、身体、意識、そして宇宙をも意味しています。

ここではまずは、身体として話を進めていきましょう。

「クル（kuru）」には、食べ物という意味があります。これは口から食べるものだけでなく、呼吸やエネルギーなど、取り入れるものすべてを指しています。つまり「クル クシェートラ」の元の意味は、食べ物の土地、食べたものによって作られた身体という意味になります。このため、善きものを取り入れれば聖地になるし、悪しきものを取り入れれば穢れ地になるのです。

さらに「クル」には働きという意味もあります。善き働きをすれば聖地（神聖な身体）となり、悪しき働きをすれば穢れ地（穢れた身体）となります。

ここでは、「クル クシェートラ」は悪のはびこる地になってしまっています。それを再び、聖地「ダルマ クシェートラ」へと戻し、最終的には、至高の境地である「ブラフマ クシェートラ」に到達するための物語になっています。身体は本来の神体に戻さなければなりません。

「クシェートラ」とは地と身体。

これはとても大切な霊的な意味を含んでいます。

「地」という言葉は、霊的にはさまざまな対象の象徴として扱われています。

イエス・キリストは、「あなたがたは、地の塩である」（マタイによる福音書 5:13）という有名な比喩を使っています。

エドガー・ケイシーは「地」について次のように述べて

います。

「神が、「地を満たせ。地を従えよ」と言われた時、これらは、あなたが手にすることができ、いつまでも絶えることのない、神の愛の最大の表現であることを知りなさい。それは神、天父、愛と法が永遠に存続し、あなたに愛情を注ぐという保証なのです」(1404-1)

霊的書物においては、このような言葉一つひとつについて深い洞察が必要になります。

さらにクシェートラは、意識をも意味しています。

私たちの中ではいつも、潜在意識の土台の上で、顕在意識の中の良心と邪悪な心が戦ってきました。顕在意識の中の戦いと、さらに真我と自我の戦いです。つまりこの戦場は、物質的、精神的、霊的な三つの場での戦いが表現されているのです。

そこには、紀元前3138年に起こったとされる実際の歴史上の戦争だけではなく、宇宙の善と悪の戦い、エネルギー界と物質界の葛藤、人の心の善と悪の戦い、神と悪魔、生と死、健康と病気、神への思いと物質界の誘惑、その他、あらゆる二極の戦いと葛藤が象徴されています。

そして今回は、これらすべての二極の決着をつける大きな戦いを始めようとしているのです。「バガヴァッド・ギーター」の最も大きな主題は、人が神との合一を目指して神聖な道を歩むことを選ぶか、堕落する道を選ぶかという戦いになります。

クシェートラは、物質世界、エネルギー世界、そして霊的世界を含む人の心の中の三世界に存在しています。ここが「バガヴァッド・ギーター」を読み解いていくために、肝心なポイントとなります。

人は顕在意識の中で、常に小さな戦いを起こしています。それをたくさんの人で表現すると、少数の目覚めた人と大多数の無明の人。それらの人々が意識の中で絶えず争っています。

怒りの感情が高まるような出来事が起こると、怒りを消したい気持ちと怒り出したい気持ちが争います。困っている人を見かけたら、助けたい気持ちと素通りして関わらない気持ちが争います。お腹が空いた時には、好きなものを食べたいだけ食べたい気持ちと質素な食事で満足したい気持ちが争います。人にひどいことを言われたら、言い返したい気持ちとそっと静かに離れたい気持ちが争います。

外側からのいかなる出来事や刺激においても、意識の中ではいつも二つの勢力が争いを繰り広げてしまいます。怒りが優勢になれば、愛や慈悲は劣勢になります。

これら心の中の争いは、一つに統一されるまで続きます。

一つに統一されるには二つの方法があります。

低次の自己に全面的に従って動物以下に落ちていくか、高次の自己に昇華し超越した人になるかの二つです。高次の自己に昇華していく方法はとても困難な道となりますが、その道には、私たちが地上に来た本当の目的があります。

聖書でも、心の中にあるさまざまな性質について同じような比喩で記されています。

「しかし、私が実際に書いたのは、兄弟と呼ばれる人で、不品行な者、貪欲な者、偶像礼拝をする者、人をそしる者、酒に酔う者、略奪をする者があれば、そんな人と交際をしてはいけない、食事を共にしてもいけない、ということであった。

外界の人たちを裁くのは、私のすることであろうか。あなたがたの裁くべき者は、あなたの心の中にいる人たちではないか。外界の人たちは、神が裁くのである」（コリント人への第一の手紙 5:11-12）

「今、あなたの前に善と悪が置かれている。自らに成長をもたらすものを選びなさい」（エドガー・ケイシー 900-2）

序章でも述べたとおり、アルジュナの属するパーンダヴァ5人兄弟は、この戦いの前に、12年間もの期間を国外追放となり、森の中での生活を強いられました。さらにその後1年間の謹慎処分が科せられました。

これは物質的な波動、欲望や世俗的な出来事から12年間離れて、さらに1年間を霊的準備に費やしたことを意味しています。食事も心身の働きも浄化する期間になります。この12年とさらに1年間の5人兄弟の謹慎の意味は、瞑想でサマーディに入るまでの修練を意味しています。

5人兄弟は、さまざまな面での象徴が含まれていますが、瞑想面からみると、長男ユディティシラは心の静謐、次男ビーマは生命エネルギーのコントロール、三男アルジュナは自己統制、無執着、四男ナクラは神の法則の順守、五男サハデーヴァは悪しき性質に対抗する力の象徴となっています。

この「バガヴァッド・ギーター」は、聖典でありながら戦場が舞台となっています。地上のすべての聖典の中でも、戦場が主体となっているものは他にはありません。

これはすべての聖典が、基本的には天啓が元になっていて、天から下りたメッセージをストレートに主体にしているためです。

「バガヴァッド・ギーター」では、この天啓を聖者ヴィヤーサが、天界目線ではなく、地上の人々の目線で実践的に理解させることを意図して描いたからこそ、戦場になったのです。

戦場は人そのものの象徴であり、自分の心の中の善と悪の戦いという形で表現されています。その心の中の戦いの影響は、社会での葛藤にも、世界での紛争や戦争にも、宇宙意識の中における各レベルのエネルギーにも投影されています。

そのため、ドリタラーシュトラの最初の問いかけは、過去形ではなく、現在進行形になっているのです。

登場人物はすべて、一人の人の内側のさまざまな性質を象徴しています。

それらの性質は、さまざまな名前のサンスクリット語の語源に暗喩されていたり、登場人物の特徴やエピソードなどに示されています。

外の世界が自分自身の心の反映であるということをサイ・ババ大師は次のように明確に述べています。

「外側の世界は、反映です。あなたが行うことはあなたに返ってきます。これは聖なる法則です。愛に満ちている人は、どこにいても愛を見つけます。憎しみに満ちている人は、周囲に多くの敵が見えるでしょう。愛も憎しみも外の世界から来るものではなく、あなたが根源となっているのです」。

「あなたが外の世界で体験するあらゆる善と悪は、あなた自身の反映です。あなたの心が悪魔のようであれば、外側の世界は悪魔で満ちるでしょう。あなたのハートが神聖であれば、どこにでも神聖さを見出すでしょう」。

つまり、アルジュナが今置かれている戦場の状況、敵が存在するというのは、自分自身の中にも同じような心の性質が存在しているということになります。

これが深く理解できれば、聖書の次の言葉の真の意味も理解できるはずです。

「敵を愛し、憎む者に親切にせよ。呪う者を祝福し、辱める者のために祈れ」(ルカによる福音書6:27-28)

敵も味方も、憎む人も愛する人も、すべては自分の心の反映として存在しているのです。それであれば、自分の心を清めていくにはどうしたらよいのかは、自ずとわかるはずです。

老子は次のように述べています。

「聖人はみなこれを孩(がい)(乳幼児)にす」(老子四十九章)

聖者は、誰を見ても善い悪いで判断することなく、赤ちゃんを見るように無心の心で接するという意味になります。外の世界が自分の反映であることを理解すれば、誰もがこのように接する心掛けが出来るようになっていくと思います。

宇宙を大宇宙とすると、個人は小宇宙となります。

古代インド哲学においては、大宇宙はブラフマン、小宇宙はビンダンダと称します。この物語では、大宇宙と小宇宙を同時に示し、さらに物理的な様相とエネルギーの流れをも同時に示しています。

そしてそれに関する暗喩的表現が多いために、実践しながら繰り返し読み込んで、段階的に理解していかないと、深い解釈は困難になります。浅い読み方だけでは聖典の真意が理解できないために、自分の解釈の中において矛盾が生じてしまうのです。物事の見た目や文字の表面的な意味を分析するのではなく、そこに秘められたエネルギーの動きと関係性を読んでいくことが大切です。

あらゆる小宇宙の中に、大宇宙、そして宇宙意識を見出すことは、意識にとって栄養になります。

空海も、読み手の心次第で聖典の価値が変わっていくことを述べています。

「文は執見に随って隠れ、義は機根を逐って現はるのみ

(文章は、読む人の偏見によって真意が隠れてしまいます。本当の意味は、読み手の技量に応じて現れてくれるでしょう)」(空海／辨顕密二教論(べんけんみつにきょうろん))

地上の人は、未知なものを怖れる傾向があります。人の心には、善良な部分と悪しき部分の両方が存在しています。そして善か悪かどちらかに動く場合、その対処法は戦いなのです。なぜなら、地上の世界において、人々が行っている勝利を収める唯一の慣れ親しんだ方法は戦うことだったからです。

人類の歴史は、戦いの歴史でもありました。それゆえ人々の心には勝利を得るためには戦わなければならないという「思い込み」が定着しています。

そしてそれは、人と人だけのことではありません。人は、動物にも、植物にも、微生物にも、海にも、山にも、戦いを挑んできました。

細菌が発見された時も、人類は戦いの相手をよく確認することなく、戦いに挑んでいきました。結局は、数々の細菌との戦いに負け続けたあげく、ようやく細菌の持つ有用性が再認識され始めました。

ウイルスも未知なものであるために、人は懲りることなく戦いを始めています。でも細菌と同様に、ウイルスも大切な役割を担って存在していることが、ほんのわずかずつですが証明されてきました。

聖者ヴィヤーサは、人々に理解してもらうために、人々の「物事に勝利するには戦わなければならない」という思い込みの目線を利用して物語を展開していきました。

聖者ヴィヤーサは、穏やかな優しい天からの言葉だけでは、人々が目覚めにくいことを見抜いていました。聖典を勉強したり、師の教えを聴いたりして、最初は神への熱意に燃えていても、将来ずっとその熱意が続くとは限りません。人の心は、経験と時間によって大きく変化していくからです。

ところが、何か大きな転機がある時には、大きく霊的な方向性が定まりやすいのです。

人は、衝撃的な出来事をいつまでも記憶しておく性質があります。例えば、小学校の頃に行った遠足のことを大人になってから思い出すとすると、何事もなくスムーズにいった時のことは覚えていなくても、何か大きなアクシデントがあれば、いつまでも覚えているものです。

さらに大きな出来事、大震災などの天災や戦争などの大きな人災のことは、いつまでも人々の記憶に残ります。自然災害や戦争などの圧倒的なエネルギーは、物質的破壊力だけでなく、人の中に眠る魂を目覚めさせる力を持ちます。聖者ヴィヤーサは、その力を、人々の霊性を目覚めさせて、その方向性を持続させることに利用したのです。

ただ、実際には、内なる勝利に戦いは必要ありません。そのため、読者は途中で一見矛盾した状況に対して何度も戸惑うはずです。

それは、内側の世界と外側の世界では、法則の動き方に違いがあるからです。内側の世界では、天の法則に従って動きますが、外側の世界では天の法則のごく一部が地上の修練に即した形に変形した地の法則に従って動いているのです。

例えば、天の法則では、人に何かを与えれば喜びは二人分、二倍になります。地の法則では、人に何かを与えれば自分のものは半分に減ります。執着があればそれが苦悩に変わります。

地上では、この天の法則と地の法則が同時に働いています。そしてほとんどの人は、地の法則だけで生きてきたのです。

最初に自らの内側の世界に入るとき、人は外側の世界のことしか知りません。だから、内側の世界に慣れるまで、自ら感じ取って動けるようになるまで、外側の表現を使って新たな道を導いていく必要がありました。

物語が戦場になった真の意味は、「バガヴァッド・ギーター」を最後まで読み切り、日々の実践と瞑想・内観を通して理解できたときにはじめて、その意図が段階的に明確にわかっていく仕組みであるということなのです。

人が動物と大きく違う点が二つあります。一つは、すべてにおいて選択する自由を与えられていること。もう一つは、内側を見る眼を与えられていることです。私たちは、日々その内側を見る眼を養わなければなりません。

真我を知覚したい時に、どこを見ればいいのでしょうか。インターネットでも本でもなく、自分自身で自分の内側を探求していくしかありません。それは、真我は、身体の中にあるからです。聖典は、内側の見方を教えてくれます。でも実際に内観するのは、自分自身の内側を見る眼なのです。

「バガヴァッド・ギーター」は、クリシュナとアルジュナの対話を、サンジャヤを通して盲目の王ドリタラーシュトラが聞く形式で進められていきます。

最初に読み始める時には、読者は霊的に盲目であるドリタラーシュトラ王であるかもしれません。でも、繰り返し読むうちに、少しずつ理解しながら霊性進化の道を歩み始めた時に、読者はアルジュナとなり、最終的にはクリシュナの立場になっていきます。

「真理は成長していく！ 何故なら、成長していく魂にとって、今日真理であったものが、明日には部分的でしかないからである」(エドガー・ケイシー 1297-1)

最初のドリタラーシュトラの問いを思い返してみてください。

「聖地ダルマクシェートラ、クルクシェートラの地に、戦おうとして集結した、私の息子達とパーンドゥ王の息子達は何をしているのか、サンジャヤよ」。

これは、私たちが日常の生活で、夜寝る前に自分自身に問いかけるべき質問なのです。

「この聖なる地球で、物質主義にどっぷりと浸透した社会の中で、自分は今日一日何をしたのか？」

自分の中の善と悪、物質的な行いと霊的な行いがどうだったのか、一日を振り返ってよく内観してみるための問いになっています。

「すべての魂の前に置かれる訓戒は常に、「今日、あなたの前に、生と死、善と悪が置かれる。あなたが選びなさい」である」（エドガー・ケイシー 1286-1）

「私たちの最初の先生は、自分自身のハートだ」（北米先住民シャイアン族の言葉）

この天啓（聖典）全体を通して、サンジャヤは、一切の自分の主観や考えを入れることなく、起こった事実をありのままに伝えることによって、自分というフィルターを通すことなく物事を純粋に観ることの重要性を最初から最後まで一貫して教えています。

サンジャヤは、基本的にクリシュナやアルジュナに成りきったかのように、盲目の王に事実を正確にありのままに伝えていきます。

それは禅では「見性成仏（けんしょう）」という状態です。「見」は、ただ出来事を対象的に見るのではなく、対象そのものと一体になり切ること。「性」は、仏性を示しています。「成仏」とは、覚者になることをいいます。つまり、覚者になるためには、出来事を無私の境地から見て、一体化することをいいます。この聖典では、見性成仏の状態が全編に渡り行われています。

この「ありのままに見る」というのは意外と難しいものです。仏教では「正見（しょうけん）」、正しく見ると書きます。

室町時代の一休和尚と蓮如上人の「正見」に関する話があります。

ある時、蓮如上人が町を歩いていると、人が集まっていました。蓮如上人が覗いてみると、曲がりくねった大きな松の木の前に立て看板が掲げられています。「この松を真っすぐに見た者には、金一貫文を与える。大徳寺・一休」と書かれていました。

松の木の周りに集まった人たちは、金一貫文をもらうために、さまざまな角度から松の木を見たり、逆立ちして見たり、水に写して見たり、梯子を使って見たりといろいろな工夫をしていました。それでも大きく枝ぶりの曲がった松の木はどう見ても真っすぐには見えません。

それを見た蓮如上人は、「よし私が一休和尚から金一貫文をもらってこよう」と言いました。人々は蓮如上人にどうやったら真っすぐに見えるのかを尋ねました。すると上人は、「曲がった松を、ありのままに曲がった松として見ることが、真っすぐに見るということだ。それが「正見」というものだ。曲がった松をなんとか誤魔化してまっすぐに観ようとするのは邪見というのだ」。これを聞いた一同は感服したそうです。

このように自分のフィルターを通さずに「ありのままに

見る」というのは、意外に難しいことでもあるのです。

さらにサンジャヤは、盲目の王に寄り添い事実をありのままに伝えている姿を通して、私たち一人一人にも、たとえ無明の状態であっても、いつでも傍らにはサポートしてくれる存在が、自分の外側にも内側にもいることを示してくれています。

聖典を読み解くにあたり、すべての外界での出来事は、自分の中にあることだということを忘れてはなりません。

「神の国は、実はあなたがたのただ中にある」(ルカによる福音書 17:21)

「神を知る道は、あなたの内側にあります」(エドガー・ケイシー 2281-1)

「意志は、有限と無限、聖と俗、霊と肉を識別する能力を強めます。意志は、神との合一に向かうことも出来れば、自我に向けることも出来ます。人が、真理とどれだけ近づくことが出来るかを決めるのは、自分の意志です」(エドガー・ケイシー 262-81)

sañjaya uvāca

dṛṣṭvā tu pāṇḍavānīkaṃ vyūḍhaṃ duryodhanas tadā

ācāryam upasaṅgamya rājā vacanam abravīt 1.2

paśyaitāṃ pāṇḍuputrāṇām ācārya mahatīṃ camūm

vyūḍhāṃ drupadaputreṇa tava śiṣyeṇa dhīmatā 1.3

サンジャヤ

「さて、王子ドゥルヨーダナは布陣したパーンダヴァ軍を見渡し、軍師のドローナに近づいて、次のように言った。(2)」

「師よ、あなたの有能な弟子であるドルパダの息子（ドリシュタデュムナ）が配置した、このパーンドゥ王の息子達の大軍を見よ。(3)」

ドローナ軍師は、両兄弟の弓の師であり、さらに昔はドルパダ王と幼馴染の親友でありながら敵対関係にあったことがありました。ドルパダ王は、アルジュナの最初の妻の父親です。

ドローナは、聖者バラドゥヴァージャの息子であり、幼少時代からドルパダ王と仲良く共に学んできました。ところが青年時代になると、ドローナは自分の息子に牛乳を飲ませることすら出来ないほどの極貧生活となり、巨大な富を保有するドルパダ王とは対照的な立場になりました。

子供の頃は、ドルパダ王子が「大人になったら国土の半分をドローナにあげるね」とまで言うほどの仲でした。ところが、ある日ドローナが幼い息子のために、ドルパダ王に雌牛を一頭譲ってくれるよう懇願したところ、王はドローナの願いを却下し、宮殿から追い出してしまいました。この扱いに怒ったドローナは、慣れ親しんだ都から出て行くことにしたのです。

その道中で、パーンダヴァ兄弟とカウラヴァ兄弟たちが井戸の周りを取り囲んでいる場面に出くわしました。

ドローナ「子供たちよ、井戸を覗いて何をしているのだ？」

子供たち「ボールが深い井戸に落ちてしまったのです」。

ドローナ「では私がボールをとってあげよう」。

ドローナは、弓を弾いてボールを射抜きました。さらにその射抜いた矢に次の矢を射抜き、さらにその矢に次々と矢を射抜き、一本の竿にして、ボールを引き上げて、子供たちに渡しました。子供たちはこの離れ業に驚いて、ビーシュマに報告しました。

この一件によって、ビーシュマはドローナをクル族の武術師範に任命しました。こうして、ドローナはパーンダヴァ兄弟とカウラヴァ兄弟たちの弓の師匠になったのでした。

「ドローナ（Drona）」の名前は、サンスクリット語の「dru（溶ける）」に由来しています。善い習慣も悪しき習慣もなかなか抜け出せない性質を象徴しています。

ドローナは、一通りの武術を両兄弟たちに教えた後で、ドルパダ王を生け捕りにしてくるよう命令しました。ドゥルヨーダナとカルナが率先して、ドルパダ王を捕獲しに行きましたが、王の軍勢に負けて帰ってきました。そこで、アルジュナが行き、ドルパダ王を捕えてきました。

ドローナは、子供の頃の約束通り、ドルパダ王の国土の半分を奪うと自分の領土にしました。これでドローナは、ドルパダと対等になったと喜ぶのでした。ところが、屈辱を味わったドルパダ王は、ドローナを倒す子供が生まれるように祭祀を依頼し、男の子ドリシュタデュムナと女の子ドラウパディーを授かりました。

ドローナは、かつての敵ドルパダ王の息子ドリシュタデュムナが弟子入りしたとき、彼が将来敵になることはわかっていました。それでもドローナは、惜しむことなく自分の持つ戦術を丁寧にドリシュタデュムナに教えたのでした。これはドローナの公平無私な面を物語る逸話です。

そして今この地において、愛弟子であるドリシュタデュムナとアルジュナたちと、敵として向き合うことになります。

「ドリシュタデュムナ（Dhrishtadyumna）は、サンスクリット語の「Drsta（勇敢な、自信に満ちた）」と「dyumna（壮麗、栄光、輝き、強さ）」を合わせた名前です。自信に満ち溢れた輝きは、静寂の中に輝く神の霊光を象徴しています。パーンダヴァ軍は、神の霊光に守られて配置しているのです。

父であるドルパダ王は、後述しますが、物質的な執着や感覚器官の制御を強化する性質の象徴ですので、執着を捨てて感覚を制御した時に生まれる神の霊光が息子に象徴されています。

王子ドゥルヨーダナは、「あなたの有能な弟子であるドルパダの息子（ドリシュタデュムナ）が配置した、このパーンドゥ王の息子達の大軍を見よ」と言っています。ドゥルヨーダナは、物質世界の代表として、ドリシュタデュムナ（神の霊光）を怖れています。潜在的に神の霊光の元では、自分が勝つことが出来ないことを感じているのです。

さらに、この有能な弟子とは皮肉が込められた言い方であり、ドゥルヨーダナは、自分の軍師であるドローナ師がすべての戦術を伝授してしまったせいで、敵軍があんなに立派な配置となっていると、師の公平無私な態度が自分たちに不利になることを指摘しています。

これは公平無私な態度は、神に仕える側の力となることが示唆された一節です。これはビーシュマも含めて、悪しき側にも良心があることを示しています。

「諸悪業皆由無始貪瞋痴（しょあくごうかいゆうむしとんじんち）」という言葉があります。

これは人の悪業は、長い間に蓄積された過去世からの汚れた行為によるものであり、悪業を行う人は、それに犯されているだけだという意味です。

それは雨の後の川の濁った水と同じです。濁流水をよく見ると、水に泥が混ざっているだけであり、時間と共に落ち着けば、泥は沈み、また綺麗な水に戻っていきます。それと同じようにどんなに悪いことを行う人であっても、その本性は清らかだということです。

そのため、日本では善悪というより、清浄か穢れているかが判断基準になります。穢れを祓えば、清浄に戻ります。それは、本来はすべて神聖なものであるという考え方に由来しています。

本来の完璧な状態の人の身体は清らかなものであり、すべての働きが善になるように創造されています。心身の一部が自我によって歪んでしまうと、全体のバランスが崩れて善となるはずの働きが複雑に歪み、悪の傾向が生まれてしまいます。

真我の自己浄化作用で正されるうちはいいのですが、自我がそれを拒みます。でも、どんな状態であっても本来の身体は清らかなので、元に戻せばいいということになります。

誰もが過ちを犯すのです。それが自然であり、そのために宇宙があるのですから。インド神話では、神々でさえ、身を持って過ちを犯すことがあります。

盲目のドリタラーシュトラ王も、戦争のずっと後に改心して、第一妃ガンダーリと共に森の中へ自己実現のための修行へと出かけます。

人生どこからでもやり直せるという見本となる人物に、聖者ヴァールミーキがいます。世界最古の叙事詩「ラーマーヤナ」の著者です。

ヴァールミーキ大師は、若い頃は、殺人を行う盗賊でした。ある時、道を歩いていた神仙ナーラダを殺して金品を奪おうとして、改心し、残りの人生のすべてを神へ捧げた結果、偉大な聖者となりました。

ヴァールミーキ大師の名は、厳しい座行の修行中に体が蟻塚（ヴァルミーカ）に覆われてしまったことに由来します。それだけ全人生を懸けて修業したとされています。荒ぶる濁流水が、次第に清らかな水に戻るように、人が浄化されていくためには、智慧と無欲の行動が絶対条件となります。

「すべての人の中に善いものを探しなさい」(エドガー・ケイシー 262-12)

「心の清らかな人たちは、幸いである。彼らは神を見るであろう」(マタイによる福音書 5:8)

「心の汚れは完全に払拭することが可能です。何故なら心は本性において清浄だからです」(ダライ・ラマ 14 世)

このあと、この戦いに参加する人たちの紹介が続きます。それら戦士たちは、人の心の中にあるさまざまな性質を表しているものです。

人がこの物質世界で経験するあらゆる善と悪の戦いは、その人自身の心の反映です。

世界を変えたいのであれば、自分自身の意識、思い、言葉、そして行動を変えなければなりません。自分の心が悪に支配されていれば、世界には悪が蔓延して見えますし、自分の心が清らかであれば、世界中どこにでも神聖なものを見つけ出すことが出来ます。

「イエスは言われた、「わたしの母とは、誰のことか。わたしの兄弟とは、誰のことか」。そして、弟子たちの方に手をさし伸べて言われた。「ごらんなさい。ここにわたしの母、わたしの兄弟がいる」。」（マタイによる福音書 12:48-49）

これは、人と人との関係においては、誰にでも分け隔てなく、ただ一つの愛しかないことを示しています。

「わたしはあなた方に言う。敵を愛し、迫害する者のために祈りなさい」（マタイによる福音書 5:44）

「聞いているあなた方に言う。敵を愛し、憎む者に親切にしなさい」（ルカによる福音書 6:27）

「他人に悪を見るなら、それは自分の中の悪しき心の反映です。悪人だと思う人さえも愛しなさい。あなたが他人を悪人だとみなすのは、妄想の影響です」（サティヤ・サイババ）

atra śūrā maheṣvāsā bhīmārjunasamā yudhi
yuyudhāno virāṭaśca drupadaś ca mahārathaḥ 1.4

dhṛṣṭaketuś cekitānaḥ kāśirājaś ca vīryavān
purujit kuntibhojaś ca śaibyaś ca narapuṅgavaḥ 1.5

yudhāmanyuś ca vikrānta uttamaujāś ca vīryavān
saubhadro draupadeyāś ca sarva eva mahārathāḥ 1.6

「ここには、勇猛な戦士アルジュナやビーマに匹敵する弓の達人達がいる。ユユダーナ、
ヴィラータ、偉大な戦士ドルパダ、(4)」
「ドリシタケートゥ、チェーキターナ、勇猛なカーシラージャ、プルジット、クンティボージャ、勇者シャイビャ、(5)」
「勇猛なユダーマニュ、勇敢なウッタマウジャ、スバドラーの息子、ドラウパディーの息子達。すべてが戦車に乗る偉大な戦士である。(6)」

これらの人物たちは、すべて一人の人間の中に存在するさまざまな性質の象徴です。

これはサンスクリット語の語源により暗喩表現されています。

つい読み飛ばしてしまいそうな節ですが、深く読み込めばとても大切な意味が隠されています。聖典では、一言一句不要な言葉はありません。

釈迦大師は、講話の際に次のように語っています。

「僧たちよ、賢者たちよ。金細工師は、金の性質を理解し、火に投じ、切断し、研磨して、心を込めて精査しながら扱っていく。それと同じように、私の言葉をよく内観し理解し、その後に受け入れなさい。ただ単に私への敬意だけで、私の言葉を受け入れることがないようにしなさい」。

この言葉は、言葉の表面だけを見て、理解したつもりになってしまうことへの警告にもなっています。

聖典の言葉には、深遠な意味が何重にも隠されています。それは読む人の霊性の進化に伴って紐解かれていくものです。

密教の聖典の一つ『マーヤージャーラ・タントラ』には次のような記述があります。

「完全なる諸仏は「阿（A)」より生じる。阿字は、至高の文字である」。

サンスクリット語のAは、空性の象徴です。簡単に言うと、物質世界から超越した領域という意味です。

『無上ヨーガ・タントラ』では、阿は、究極に微細なレベルの心と風が統合されたものであり、それによって意識の変容が起こると説明されています。たった一文字の中から宇宙が拡がっていくのです。

阿は、阿吽の二文字となり、それは梵字五文字「अ वि र, हूं खां、a vi ra hūṃ khāṃ、ア・ビ・ラ・ウン・ケン」となり、さらにそれは二十三文字の光明真言「ओं अमोघ वैरोचन महामुद्र मणि पद्म ज्वल प्रवर्तय हूं」へと導かれていきます。そこからさらに深遠な智慧へと拡がっていくのです。

つまりたった一言「あ」の中にも、貴重な教えが内蔵されているということです。

サンスクリット語の言霊の根源は、高次の意識と非常にエネルギー密度の高い精妙な宇宙粒子から形成されており、そのほとんどは私たちが日常頼っている顕在意識で知覚できる範疇を超えています。

一つの言霊、その組み合わせの単語、文章、そのすべてにおいて多くの意味が込められ、祈りが込められ、幾重にも重なっています。それは、頭脳で考えても一切解明できない領域に在ります。

聖典の言葉を常に内観すべきというのには、このような理由があります。

ここで少しアルジュナ軍の人物を見てみましょう。

ユユダーナ（Yuyudhana）は、サンスクリット語の「yudh（戦う）」、「sadhana（霊的修練）」、つまり霊的修練のために戦うという意味にとれます。

ヴィラータ（Virata）は、サンスクリット語の「vi-raj（法則、支配、輝かしい方へ向かう）」などの意味があります。これはサマーディの状態を表しています。

ドルパダ（Drupada）は、サンスクリット語の「dru（加速する、ペースを速める）」と「pada（歩み）」を合わせた言葉です。これは霊的目標に向かっての歩みを早めるために、物質的な執着や感覚器官の制御を強化する役割を担っています。

カーシラージャ（Kashiraja）は、サンスクリット語の「kasi（素晴らしい）」、「raj（支配する、君臨する）」に由来します。正しく光の道を歩むということを意味します。霊性進化の道に潜む多くの躓きの元となる罠にかからないようにする役割を担っています。

チェーキターナ（Chekitana）は、サンスクリット語の「chit（現れる、思えておく、記憶）」という意味があります。霊的な記憶を象徴しています。チェーキターナは、神を忘れてしまった幻想（マーヤ）の世界と肉体を自分だと勘違いする状態から、霊的記憶を呼び起こさせる役割を担っています。

勇敢なウッタマウジャ（Uttamaujas）は、サンスクリット語の「uttama（首長）」、「ojyas（エネルギー、力）」を合わせた言葉です。霊的進化において、エネルギーを正しい方向へとコントロールすることはとても重要になります。

「ヨーガ・スートラ」のパタンジャリ大師は、ヨーガの実践に当たり、八段階、八支に分けています。そのことから、「ヨーガ・スートラ」は「アユターンガ・ヨーガ（八支分のヨーガ）」とも呼ばれています。

それらは、

1　ヤーマ（禁戒／日常の心得：非暴力、正直、不盗、非所有など）
2　ニヤーマ（勧戒／日常の心得：清浄、知足、精進、神への祈念など）
3　アーサナ（体位法／肉体次元の自己制御）
4　プラーナヤーマ（呼吸／呼吸次元の自己制御）
5　プラーティヤハーラ（制感／感覚次元の自己制御）
6　ダーラナー（精神集中／知性次元の自己制御）
7　ディヤーナ（瞑想／深い次元への到達）
8　サマーディ（三昧／合一）

それでは、さらにアルジュナ側の軍人たちを見てみましょう。

ドリシタケートゥ（Dhrishtaketu）は、サンスクリット語「dhris（勇敢に、大胆に、攻撃する）」と「ketu（酋長、リーダー）」を合わせた名前です。勇敢さや攻撃性をコントロールする役割を担っています。

これは自分と他者との関係性を制御する大切な資質です。霊的進化に反する行いを正し、過去の過ちによるカルマを解消する手助けをします。八支分のヨーガのヤーマを意味しています。ヤーマは、自身の内側を清らかにする役割を担っています。

ヤーマにある各項目も、文字通り以上の意味を含んでいます。例えば、非暴力とは、ただ単に物理的な暴力や精神的な暴力という意味だけでなく、暴力に通じる心の在り方も含まれています。不盗も、物質的な物や情報などを盗むということだけでなく、盗むという行為に通じる心の在り方を意味しています。

ヤーマは、粗大な物質的な世界だけが対象ではなく、本質はもっと精妙なエネルギー世界での実践が重要となっています。要するに、心の深い部分からの清らかさが要求されています。

モーセの十戒にも、ヤーマと同様の内容があります。モーセの十戒は、石板に刻まれていますが、これは大脳に在る特定の脳葉の象徴です。

シャイビャ（Shaivya）は、サンスクリット語「si（すべてのものがそこに在る）」、そして「shiva（慈悲深い、縁起が良い、幸福、繁栄）」などに関連した言葉です。自分自身のために善き行動を掲げ、自身の内側を豊かにする役割を担っています。八支分のヨーガのニヤーマを意味しています。

「ヨーガ・スートラ」のパタンジャリ大師は、ヤーマとニヤーマが十分に実践して身についていないと、ヨーガの姿勢であるアーサナの習得を許さなかったそうです。今では、ヨーガというと真っ先にアーサナから学ぶ人が多いのですが、本来は、まずヤーマとニヤーマを徹底して行うことがヨーガの土台となり、本当のヨーガになっていくことは知っておいた方がいいと思います。

クンティボージャ（Kuntibhoja）は、ヤドウ族の長シューラ王の従兄弟。子供が出来なかったため、シューラ王の娘であるクンティを養女としてもらい受けています。

クンティ（Kunti）の本名はプリター。クル王パーンドゥの妃になりました。ただし、パーンドゥ王は呪いのために性交渉が出来なかったため、クンティは、神々の真言で子供たちを授かっています。

ユディシティラ、ビーマ、アルジュナの母であり、双子のナクラ、サハデーヴァの育ての親です。パーンドゥ五人兄弟をまとめています。クリシュナの父の妹でもあります。

安定した身体と心を持つ人です。霊的解釈でのクンティは、生命エネルギーです。クンティボージャは、このクンティとサンスクリット語の「bhuj（治める、統治する）」を合わせた名前となっています。肉体次元の制御を司る役割を担っています。

「ヨーガ・スートラ」の第二章、姿勢の部分には、「安定した楽な姿勢でなければならない」とあります。とてもシンプルな書き方であり、安定した身体の姿勢のことと解釈されがちですが、その他にも、エネルギー体の安定した状態や心と精神の安定した状態をも同時に意味しています。

クンティボージャは、八支分のヨーガのアーサナを象徴しています。クンティボージャ（姿勢を正すこと）がクンティ（生命エネルギー）を真っすぐにのびのびと育てるという意味が隠されています。

ユダーマニュ（Yudhamanyu）は、サンスクリット語の「yudh（戦う）」と「manyu（崇高な、情熱）」を合わせた名前です。これは崇高な決意と情熱を持って戦う性質を意味しています。このエネルギーの産生には、呼吸が大きく関与してきます。呼息と吸息と保息の三つから成る呼吸は、霊的進化に欠かせない重要な要素の一つになります。

ユダーマニュは、八支分のヨーガのプラーナヤーマを象徴しています。

プルジット（Purujit）は、サンスクリット語の「puru（たくさんの）」、「puri（砦、安全地帯）」と「jit、（勝利を得る、制圧する）」、「ji（鎮圧する、抑える）」を合わせた名前です。感覚器官を刺激する地上の様々な誘因から離れて、感覚器官を静謐に保つ役割を担います。

プルジットは、八支分のヨーガのプラーティヤハーラを象徴しています。

スバドラーの息子（Saubhadra）は、Son of Subhadra（スバドラーの息子アビマニュ Abhimanyu）。スバドラーはアルジュナの妻です。サンスクリット語の「abhi（強さを伴う、～に向かって）」と「manyu（崇高な、情熱、精神、気分）」を合わせた名前であり、崇高な情熱を持って到達するということを意味します。

スバドラーの息子は、ダーラナー（精神集中／知性次元の自己制御）、ディヤーナ（瞑想／深い次元への到達）、サマーディ（三昧／合一）の三つを合わせたサンヤマの象徴として表現されています。

ドラウパディーの息子たち。ドラウパディーは、パンチャーラ国のドルパダ王の娘で、特別な祭祀の祭壇から生まれました。ドラウパディーが生まれたとき、姿の無い存在からの声で「将来この女性によって、クシャトリヤは滅亡の危機を迎え、神々はその目的を達するだろう」と予言されました。

ドラウパディーは絶世の美女に成長し、父のドルパダ王は、彼女をアルジュナと結婚させようと計画しました。

王は、アルジュナにしか引くことが出来ない強弓を用意して、その弓を使って的を射抜くことが出来た者が、ドラウパディーと結婚できることにしました。さらに的も高速で回る車輪に取り付けた魚にしました。

その時森の中に逃亡中だったパーンダヴァ兄弟たちも、バラモンに変装してこっそりと宮殿での射会に参加しました。そして誰一人引けなかった強弓を、最後にアルジュナが引いて、見事に的を射抜き、ドラウパディーと結婚できることになりました。

実は会場には、クリシュナが見学に来ていました。クリシュナにとって、この的を射抜くことはたやすいことでしたが、参加しませんでした。この時にクリシュナとアルジュナは初めて出会ったのです。

アルジュナは、ドラウパディーを連れて、母クンティのいる隠れ家へと戻ってきました。

アルジュナが、家の外から母クンティに「（ドラウパディーを）素晴らしい施しを得てまいりました。何を得たのか当ててごらんなさい」と大きな声で報告すると、家の中にいる母は、毎日の托鉢の食べ物かと思い、「どんなものであっても、兄弟皆で平等に分け合いなさい」と指示しました。

母は、後からそれが托鉢の食べ物ではなく、絶世の美女ドラウパディーのことだと知って、長男ユディシティラに相談しました。するとユディシティラは、「アルジュナが射止めた女性なのだから、アルジュナが結婚するとよい」と言いました。

ところがアルジュナは、母の「いつものように平等に分け合いなさい」という言葉を真剣に受け止めて、五人兄弟で長男から順番に結婚すればよいと主張しました。

この後で、クリシュナと兄のバララーマがアルジュナたちの母に会いに来ました。そして、クリシュナは母クンティに挨拶すると、アルジュナに近寄り、微笑みながらこう言います。

「私は、あなたのことを良く知っています。でもあなたは私を知らないでしょう。私は、宮殿での射会の時に、あなたがアルジュナであると感じました。とうとう私はあなたに会うことが出来た」。

この時がアルジュナとクリシュナが初めて会話した時です。

さらに、クリシュナはアルジュナに、「あなたが人目に付くところに出てくるのは、まだ時期が早すぎます。もう少しの間隠れていてください」と告げて、兄バララーマと共に立ち去りました。

話を戻して、長男ユディシティラは、以前に聖者ヴィヤーサから、「ドラウパディーは過去世の因縁から今世では五人の夫を持つ運命になる」と聞かされていたことを思い出して、アルジュナの提案を承諾しました。

ドラウパディーが五人の夫を持つことになり、ドルパダ王は納得出来ませんでした。

そこに聖者ヴィヤーサが現れて、ドルパダ王に過去世での出来事を説明しました。

かつてある聖仙の娘に絶世の美女（女神ラクシュミー）がいましたが、その美貌にもかかわらず結婚することが出来ませんでした。彼女は、苦行によってシヴァ神から望みを叶えてくれる機会が与えられました。

シヴァ神が、「望みは何か言いなさい」と聞いたところ、彼女は素晴らしい夫が欲しいと5回言いました。そのためシヴァ神は、来世で五人の夫と結婚できるよう取り計らいました。

さらに、シヴァ神は、不敬な態度をとっていたインドラ神を含む五人の神々の魂の一部を、人間として転生させることにしました。それがパーンダヴァ5人兄弟です。

そして、女神ラクシュミーをドラウパディーとして生まれさせたのです。

聖者ヴィヤーサはドルパダ王にこの話をしてから、天眼を授けてパーンダヴァ5人兄弟を見せました。すると、パーンダヴァ5人兄弟が神々の姿を備えていることが見えました。それによって、ドラウパディーは五人の夫を持つことを許されました。

ドラウパディーは、絶世の美女であるだけでなく、心がとても広く高潔な精神を持つ人でした。

ドラウパディーは、何度も屈辱と苦難に襲われましたが、そのたびに無事に救出されています。クリシュナの妻ルクミニーとサティアバーマーの二人は、いつでも神の豊かな恩寵に守られているドラウパディーの秘密を知りたいと思いました。

そのためクリシュナは、ドラウパディーが入浴後に髪の毛を乾かしているところに、二人を連れていきました。そしてクリシュナは、ルクミニーとサティアバーマーの二人に、ドラウパディーの髪を梳かすように言いました。

二人がドラウパディーの髪を梳かすと、一本一本の髪すべての毛先から「クリシュナ、クリシュナ、クリシュナ……」と神の御名を唱える声が響いてきました。

ドラウパディーは、クリシュナ神に心からの信愛を寄せ続けるあまり、髪の毛一本一本にまで、神への愛が浸透していたのです。

ドラウパディーは、「クンダリーニの象徴」として描かれています。

ドラウパディーはパーンダヴァ５人兄弟たちのすべてと結婚しており、彼ら５人との間にそれぞれ一人ずつ子供を産んでいます。先に述べたようにパーンダヴァ５人兄弟たちはそれぞれ一つずつの霊的中枢を象徴しています。

ドラウパディーの髪の毛一本一本にも浸透した神の名前は、瞑想中のマントラの象徴でもあります。それゆえドラウパディーの息子たちとは、５つの霊的中枢（チャクラ）

が開いたことを意味しています。ドラウパディーの息子たちは、各チャクラの性質の象徴です。

ドラウパディーがクンダリーニの象徴として描かれているシーンは、「マハーバーラタ」にも出てきます。

森の中の洞窟内に潜伏して暮らしていたパーンダヴァ兄弟たちは、ある晩の真夜中に洞窟の外にそっと出てみました。するとそこには朱色のベンガルボダイジュの樹がそそり立ち、その下には女神を召喚する役目を持つ9人のラーク神たちがいました。そこにドラウパディーが現れると、ラーク神たちは彼女を黄金の玉座に座らせて、花々を振りまきました。

クンダリーニの火は、プラーナの中でも最も重要なものとなります。

クンダリーニの火は、覚醒すると霊的脊髄スシュムナーの中を下方から上方へと進んでいきます。こうして瞑想者の意識は、物質的な領域から精妙なエネルギー領域へと向けられ、多次元領域へと繋がっていきます。

これら戦士たちの名前は、人が霊性を高めていく上で必須のものになります。この節は、ただ読むだけではなく、これら一つひとつを自分の中に見出し、眠っていれば目覚めさせ、活かしていくための大切な節になっています。

　そのような意味で、この節はさっと読み飛ばしてはいけないのです。読み飛ばす人は、聖典の意味を全く理解していないことになります。

「自分と家族との関係、友人との関係、仕事で交流する人々との関係の中で、人は常に自分自身に出会っているのです」(エドガー・ケイシー 1212-1)

asmākaṃ tu viśiṣṭā ye tān nibodha dvijottama
nāyakā mama sainyasya saṃjñārthaṃ tān bravīmi te 1.7

「二度生まれたる最も高貴な方よ、我等の卓越した武将達、わが軍の指導者達について知りたまえ。参考までに彼等の名前を申し上げる。(7)」

　ドゥルヨーダナは、ここでドローナ師のことを「二度生まれたる（dvija)」という表現を使っています。

　カースト制度の頂点にあるバラモン（宗教的支配者階級）の家系に生まれた人は、８歳くらいの年齢になるとヴェーダの浄化儀式を受けます。この儀式によって、人生で二度目の誕生となり、ヴェーダを学んでいくことが出来るようになると言われています。最初の誕生は肉体的な誕生であり、二度目の誕生は精神的な誕生とされます。

ドローナ師はバラモンではないのですが、クシャトリヤ（武家や貴族）であっても、この儀式を受けることが出来ます。ドローナ師は、双方の兄弟の件ではいままで何度も中立的立場をとってきました。しかしながら、今回、師はドゥルヨーダナ側にいます。ドゥルヨーダナの、ドローナ師が生まれ変わって自分の側に完全に味方していることを再認識したいという思いがこの言葉には込められています。

「二度生まれたる（dvija）」。

私たちの誕生日は、生まれた日を指します。でも、人が本当に「生まれた」と言えるのは、その崇高な目的に気づいた時なのではないでしょうか。

人は地上に、種子のような形でやってきます。種子の中にいれば、殻に守られ、安全で、苦労もありません。

でも、地上に下りてくるのは、開花し、結実するためです。種子が、成長し美しい花を咲かせるためには、発芽しなければなりません。

誕生日が、肉体を持って生まれてきた日、すなわち地上に種子が蒔かれた時だとすると、第二の誕生は種子が発芽した瞬間です。

第一の誕生日は、肉体を持って生まれた日
第二の誕生日は、霊性に気づいた日
第三の誕生日は、霊性進化の道を実践し始めた日
そして
第四の誕生日は、覚醒した日です。

自分が今どの段階に在るのかを自覚すれば、今後どうすればよいかが明確化するはずです。

bhavān bhīṣmaś ca karṇaś ca kṛpaś ca samitiñjayaḥ
aśvatthāmā vikarṇaś ca saumadattis tathaiva ca 1.8

「高徳のあなたご自身、ビーシュマ、カルナ、戦勝者クリパ、アシュヴアツターマ、ヴィカルナ、ソーマダッタの息子、ジャヤドラサ。(8)」

ドゥルヨーダナ側の戦士たち。彼らは、すべて人の心の中に存在する解脱を妨げる性質の象徴です。

ここでは、強敵カルナと戦勝者クリパについて書いてお

きましょう。

まずは、強敵カルナから。

パーンダヴァ5人兄弟の母クンティが、独身時代の若い頃に、好奇心から太陽神スーリヤを呼び出して授かった息子です。クンティは、太陽神スーリヤの子を産む条件として、生まれてくる子供が黄金で出来た鎧を所有することを要求してみました。

そのため、息子のカルナは、黄金で出来た鎧と耳輪を身に着けた姿で産まれてきました。この鎧はカルナの皮膚の一部としてつながっていたため、脱ぐことができないもので、この鎧が彼の体にあることでカルナは不死身になっていました。

クンティは、独身であったために、人目を気にしてこのカルナを川に流してしまいます。そしてたまたま川にいたドリタラーシュトラ王の御者であるアディラタに拾われ、彼の妻のラーダーに育てられました。

カルナは、パーンダヴァ5人兄弟と血を分けた兄弟同士とは知らずに、敵対していきます。弓の腕が優れていて、アルジュナの宿敵となります。

母クンティの子供たちには、カルナとパーンダヴァ5人兄弟がいます。

カルナは、クンティがまだ物質世界で無明だった頃に産んだ子供になります。そのため物質欲が強く、カルナは執着の象徴として描かれています。

その後クンティは霊的に目覚めてパーンドゥ王と結婚し、アルジュナを含むパーンダヴァ５人兄弟の母となりました。

これは、シャンタヌ王の亡き若い王子たちの二人の姫たちが聖者ヴィヤーサに子作りを頼んだ話を思い出させます。

最初の姫は聖者ヴィヤーサに恐怖心を抱き、目を閉じ、彼女が生んだ息子は盲目となりました。この息子が、ドリタラーシュトラです。

次の姫は、聖者ヴィヤーサを清らかな心で受け入れ、その彼女が生んだ息子が、パーンドゥでした。

姫の召使の女性は、聖者ヴィヤーサを礼儀正しく聖者として受け入れ、彼女が生んだ息子は、賢者ヴィドゥラです。

これは、性行為は御神事であり、正しい心構えで臨むことを意味しています。タントラという性の技法において、性行為を始める前には必ず瞑想で心を神に向けるのはそのためです。

ちなみに「マハーバーラタには、妊娠中の母の五感が生まれてくる子供にとても大きな影響があるという逸話も収録されています。

北米先住民も妊娠すると、胎児が豊かな魂となるよう瞑想を行い、グレートスピリットと交流する時間を大切にする習慣があります。そして日常生活では、部族の中で最も尊敬できる人や伝説の英雄を選び、毎日思い浮かべることも行います。その間、出来るだけ人との接触を控えて、静かな自然の中へ入り、美しい自然から感銘を受けるように心がけます。そして出産を神聖な儀式とみなして、一人ですべてを執り行うのです。

カルナは、王家に仕えていたドローナ師から、王子たち（カウラヴァ兄弟、パーンダヴァ兄弟）と共に武術を習っていました。カルナは、アルジュナに次ぐ武術の達人であり、強力なライバルとなりました。カルナは、アルジュナを打ち負かすことばかり考えていたため、アルジュナに激しい嫉妬をしていたドゥルヨーダナに気に入られます。

霊的解釈においては、カルナは執着であり、ドゥルヨーダナは低次の欲望の象徴であり、両者の相性はぴったりだったのです。ドゥルヨーダナは、サンスクリット語の「dur（困難）」、「yudh（戦うこと）」が合わさった名前であり、アルジュナが最も戦うのが困難な相手、つまり解脱に最も障害となる欲望の象徴なのです。

仏教では、人の根源的な悪しき性質を「貪（とん）・瞋（じん）・痴（ち）」と言います。自分の欲を優先する「貪」、嫌いなものを憎み嫌悪する「瞋」、神を忘れた「痴」の三つであり、ドゥルヨーダナはその代表格となっています。

カルナは、師匠にブラフマーストラの技の伝授を願いますが、バラモンか、クシャトリヤ以外にはその神技は授けられないことから拒否されてしまいます。

その後、カルナは山奥にいる最高のバラモン兵法者パラシュラーマの元に、バラモンであると身分を偽って弟子入りします。そこで、一心不乱に修行して、ブラフマーストラの技を伝授され、ヴィジャヤという強力な弓を授かります。

ところがしばらくして、カルナがバラモンでないことがパラシュラーマ師匠にばれてしまいます。カルナが嘘をついていたことに怒った師匠は、「授けたブラフマーストラの扱い方の記憶を失うであろう」と予言します。

そして、カルナはパラシュラーマ師の下を追い出され、ドゥルヨーダナの元で暮らすようになったのです。

パーンダヴァ兄弟とカウラヴァ兄弟たちの弓の師匠であるドローナは、両王子らの武芸の腕前を披露するためにドリタラーシュトラ王の御前で武術披露会を開催します。

カルナは、その武術披露会に飛び入りで参加します。武術では国内随一のアルジュナが神技を見せる中で、カルナはアルジュナに対抗して同じ技を披露します。

しかし、アルジュナとカルナが対峙したところ、素性の不明な者が王族と決闘することが許されないと、クリパに指摘されます。

アルジュナを憎み、負けさせたいドゥルヨーダナは、その場でカルナにアンガの土地を与え、アンガ王に即位させます。こうして王族同士となったカルナとアルジュナは対決することになりましたが、その時カルナの養父アディラタが会場に現れました。

それをビーマが目撃し、「御者の息子が、アルジュナと決闘する資格はない」と指摘して、決闘は果たされないまま試合は解散となりました。カルナは、アルジュナに対する敵対心をさらに募らせます。

パンチャーラ王ドルパダが催した娘ドラウパディーの婿選式にも、カルナは参加します。

ここでもカルナは、ドラウパディーを嫁にすることが出来ずに、アルジュナに敗北を喫してしまいます。

この後、ドゥルヨーダナが計画したイカサマ賭博の後でも、カルナはパーンダヴァ兄弟の妻となったドラウパディーを奴隷扱いして、公衆の面前で辱めを行います。この非人道的な扱いを目の前にしたアルジュナは、カルナとその部下を自分の手であの世へ送ることを誓います。

それからもカルナは、ドゥルヨーダナと組んで悪行三昧を行い、カルナは、アルジュナを殺すことを宣言します。

「あなたが一番嫌いになった人物の人生とその活動の中に、あなたが崇拝する神由来の聖なるものを見出すことができないうちは、あなたはまだ正しく考え始めていないことになる」（エドガー・ケイシー 1776-1）

パーンダヴァ兄弟が追放されてから、ようやく13年目に入る時期となりました。その頃、アルジュナに勝利を与えようとするインドラ神は、カルナを不死身から解こうとして、カルナの黄金の鎧をインドラ神の持つ神の槍と引き換えさせる計画を立てます。カルナは、バラモンから施しを請われると、必ず何かを与える優しい心も持っていたのです。インドラ神は、カルナのその性格を上手く利用しようとしました。

これを事前に察知していたカルナの父である太陽神スーリヤは、息子のカルナに対して
「どんなに良い条件を提示されても、黄金の鎧だけは絶対に脱いではいけない。それでお前は命を失うだけでなく、パーンドゥ兄弟の勝利を決定的にするからだ」と忠告します。

しかしながら、カルナは死よりも名誉を大切にしているため、インドラ神の願いを聞き入れます。カルナは、黄金の鎧と耳飾りを失ったことによって戦場で倒れるのであれば、自分の名誉が一層輝くことはあっても、貶(おとし)められることはないと考えます。

さらにカルナは、自分の腕前はアルジュナよりも優れており、師から授かった武器で宿敵アルジュナを倒すことが出来ると思っています。そのため、カルナは、太陽神の忠告を聞き入れませんでした。

ある日、インドラ神はバラモンの姿に変身し、カルナが沐浴しているところに現れました。バラモンは、彼の黄金の鎧が欲しいと願います。カルナは驚いて、この鎧は自分の体と一体になっているために脱ぐことができないことと説明し、別のものなら与えようと言います。

バラモンは、他の物はいらないと、カルナの鎧を要求し続けました。この問答でカルナはこのバラモンの正体がイ

ンドラ神であることに気がつき、あえてその要求に答えることにしました。

そして、その代わりにインドラ神の持つ絶対に的を外すことのない槍を要求し、インドラ神はそれを受け入れます。カルナは、苦痛をこらえて剣で体とつながっている黄金の鎧を切り離して、インドラ神に手渡しました。

クルクシェートラにおける戦争の前のこと。クリシュナがカルナに会い、カルナが実はパーンダヴァ兄弟の長兄であることを告げます。そして、今回の無益な争いを止めて、本来あるべき姿であるパーンダヴァの長として帰還し、全世界の栄光を手にするよう説得しました。

カルナは、聖なる見地から見れば、自分が本来はパーンダヴァ兄弟側の人間であることを分かっていました。執着の本来の姿は、愛だったのです。

しかしながら、養父母への恩と、ドゥルヨーダナ（欲望）への恩義に縛られ、パーンダヴァ兄弟側の味方をすることはできないと言って、クリシュナの説得を拒みます。

さらに、カルナは、パーンダヴァ側が勝利することを予感しながらも、アルジュナとの対決を望んでいます。

カルナは、太陽神スーリヤの子であり、アルジュナは雷神インドラの子です。古来スーリヤ神とインドラ神は神々の支配権を巡るライバル同士の関係でした。「ラーマーヤナ」では、インドラ神の息子ヴァーリとスーリヤ神の息子スグリーヴァが対立し、今回はインドラ神の息子アルジュナとスーリヤ神の息子カルナが対立することになります。

クリシュナがカルナを説得できずに帰還した後、クンティがカルナに会いに行きます。

クンティは、自分がカルナの産みの母であり、パーンダヴァ兄弟が実の弟たちであることを告白します。そして、血を分けた弟たちと戦うのを止めて、パーンダヴァ兄弟側の味方につくよう懇願しました。

それでも、カルナは断固拒否します。カルナは、実の母であるクンティが生まれたばかりの自分を川に捨てたことによって、クシャトリヤからシュードラ（カースト制度の最下層階級）の息子として生きていかねばならなかったことを恨んでいました。生まれた時の純粋な愛が、地上での経験によって執着に変わっていったことが象徴的に描かれています。

またカルナは、人生の早いうちにドゥルヨーダナをはじめとする悪しき友人たちと一緒に過ごすことにより、悪しき性質に染まっていきました。カルナは、強靭な身体と強い意志、そして優しい心を持って生まれながら、生まれた環境、周囲の影響などによって、地上のマーヤ（幻想）に縛り付けられ、神への方向性を見失ってしまったのです。

そして、そこから脱出する勇気がなかった。この状況は、これからアルジュナが敵軍の中にたくさんの恩師や親族、友人たちを確認して、苦悩していく姿にも似ています。

聖書では、悪い友人関係について次のように記されています。

「悪い交わりは、良い習慣を損ない、道徳心を蝕む」（コリント人第一の手紙 15:33）

孔子の「論語」には、善い友人関係と悪い友人関係について記されています。

「善い友人とは、正直な人、誠実な人、情報通な人。悪い友人とは、体裁ばかり考える不誠実な人、こびへつらうだけの人、本音を隠す人」。

人は、魂の進化のために、人生の中でさまざまな波動を取り入れていく性質を持っています。身体は、善いもの悪いものの区別なく、取り入れていきます。だから、日常では五感を使う際に、神の摂理に沿った善いものだけを自分の意志で選んでいくことが重要になります。

「人の精神の美しさは、しばしば、その人をとりまく環

境の美しさによって導かれる」（エドガー・ケイシー1771-2）

カルナは、ドゥルヨーダナ（物質世界の欲望の象徴）に寵愛されている今となっては、寝返ることなどできないと語ります。さらにカルナは、同志たち、クリパ（無智、幻想の象徴）、ビーシュマ（自我意識）、ヴィカルナ（嫌悪感の象徴）、アシュヴアアツターマ（潜在的欲望の象徴）、ドゥフシャーサナ（カウラヴァ兄弟の次男：怒りの象徴）、ソーマダッタの息子（物質的行動、負のカルマの象徴）、ジャヤドラサ（肉体への執着）などを裏切るわけにはいかなかったのです。

しかしカルナは、「唯一、自分と互角に闘えるアルジュナだけを相手にしましょう。それであれば、どちらが倒されても、私の栄誉は傷つくこともなく、あなたの５人の息子の数も減ることはないでしょう。アルジュナか自分か、どちらかが生き残るのですから」と母クンティに約束します。

クンティは運命を悲しみ、カルナを抱きしめて、カルナの思いを受け取ります。そして、お互いに祝福があることを祈り、二人は別れました。

カルナは、今生で解脱に達する資質を持って生まれながらも、悪しき性質と共に過ごしたために、大きな負のカルマを作ってしまう人間の典型的な例にもなっています。

そして、カルナとパーンダヴァ兄弟の関係は、西洋的にはサタンと天界の神々の象徴にもなっています。元は同じ神から生まれ、本質的には同じ性質を有しているものの、置かれた状況によって対立せざるをえない役割を担うことになっているのです。

西洋では、サタンは一方的に悪の化身とされていますが、その本質はやはり神です。悪という役割を果たすエネルギーのおかげで、人間は内在する神の性質を強化することが出来るのです。

人の手は、五本の指がそれぞれ完璧な役割を持って、一体化して動くことで素晴しいことが成し遂げられます。それはまるで、パーンダヴァ５人兄弟を象徴しているかのようです。

太古の時代には、六本指の種族がいました。指が一本増えるだけで、脳の活動領域はかなり大きくなり、五本指では成しえないさらに優れた手の使い方が出来たとされています。もしもパーンダヴァ５人兄弟に、さらにカルナが加わっていたら、もっと早くダルマクシェートラ（聖なる地）

を実現できたのかもしれません。

人を改心させるのはとても困難なことです。何かをきっかけに、自分自身が改心する以外にはありません。

釈迦大師の息子ラゴラは、出家をして大師の弟子となりました。ところが、幼いラゴラはいたずら好きで、よく人に嘘をついては面白がっていました。

釈迦大師は、自分の足を洗った水をラゴラに示して、「ラゴラよ、この水が飲めるか？」と聞きました。

ラゴラは、「汚れているので、飲めません。」と答えます。

師は言いました。「水は、本来は清浄なものだ。ラゴラよ、お前はどうして水を汚すような行為をするのか。真面目に修行もせず、人を騙し、約束を守らないのは水を汚しているのと同じことだ。そうなれば、誰もがお前のことを汚れた水のように相手にしなくなるだろう」。

これを聞いたラゴラは改心し、多くの弟子たちから信頼される人になったそうです。釈迦大師は、「他心通（たしんつう）」という人の心を読み取る能力があったために、ラゴラを的確に改心に導けたのでしょう。それでも、やはり改心するかどうかは、本人の意識次第です。

次に、戦勝者クリパについて書いておきましょう。

クリパは、サンスクリット語「klip（憐み）」に由来しますが、同時に発音的には「klrip（幻想）」にもかけられた名前になっています。ちなみに、無明の者をサンスクリット語でクリパナ（kripanah）といいます。

クリパは、シャラドヴァット仙の息子です。シャラドヴァット仙は、武道に優れ、武道を極めるためにあらゆる武器の技を習得するために森の中で修行していました。インドラ神はこれを怖れて、修行を妨害することを計画します。

インドラ神は、シャラドヴァットの元へ美しい女性ジャーラパディーを送り込みます。シャラドヴァットは、その美しさに感動し、精液を漏らしてしまいます。その精液は、葦の茎に落ちて2つに分かれて、双子の兄妹が生まれました。

そのことに気が付かないシャラドヴァットは、場所を移して再び修行に没頭します。

ちょうどその時、クル族のシャンタヌ王御一行が、狩りのために森へやって来ました。王の兵士が双子を発見し、森の中に残されたバラモン特有の修行の跡を見て、その双子がバラモンの子供たちであると推測してシャンタヌ王に報告しました。

王は憐みの気持ちから、男の子をクリパ、女の子をクリピーと命名して、自分の元で育てることにしました。

後に双子が自分の子であることを知ったシャラドヴァット仙は、息子であるクリパのところに赴き、あらゆる武器を使った秘伝の武術をあますところなく伝授しました。それによって、クリパは最高の兵法家となり、クルの王子たちや諸国の王族たちの武術の師となったのです。

クリパは、この物質世界での個人のマーヤ（幻想）の象徴です。

人は、この物質世界を本当の世界と思い込み、その中でさまざまな困難と向き合い、魂を成長させていくことになります。地上は、まさしくマーヤによって武術の強化合宿による修行のような場になっています。マーヤがあるからこそ、地上の人の魂は強くなっていくのです。

物質世界のマーヤを引き起こす4つの要因(創造力、時間、空間、宇宙原子）は、聖書では、四つの獣と表現されています。

「御座の近く、そのまわりには、四つの獣がいたが、その前にも後にも、一面に目がついていた」(ヨハネの黙示録4:6)

ここで「前にも後ろにも目がついていた」というのは、意識をこの四つの要因を観る境地に引き上げた時には、物質世界も霊的世界も含めた宇宙の実相を観ることが出来るという意味になります。

クリパは、両兄弟の王子たちの師として、彼らを平等に鍛えていきました。マーヤという意識の覆いは、すべての人に平等に影響します。マーヤの覆いを自力で外した人が、解脱に至るのです。

そして、人が解脱した後も、この地上のマーヤの役割は続きます。クリパは、この戦争においてもカウラヴァ側の数少ない生き残りとなります。そして、この後も王家の王子たちの教育に携わっていきます。

サンスクリット語の「バガヴァッド・ギーター」のいくつかのバージョンでは、この節の最後のジャヤドラサの名前が省かれています。

ジャヤドラサ（Jayadratha）は、カウラヴァ兄弟の長男ドゥルヨーダナの同盟国の国王であり、ドゥルヨーダナの唯一の妹であるドゥサラの夫です。ジャヤドラサは、「Jayad（征服する）」、「ratha（戦闘馬車：肉体を意味する）」を合わせた名前です。ここでは、肉体への執着の象徴とされています。

anye ca bahavaḥ śūrā madarthe tyaktajīvitāḥ

nānāśastrapraharaṇāḥ sarve yuddhaviśāradāḥ 1.9

「その他、百戦錬磨の勇士達、彼等は多様な武器を持ち、身を挺して私のために尽くそうとしている。(9)」

このドゥルヨーダナの「私のために」とは、自己中心的、利己主義の象徴として使われています。

「私の」「私のもの」という観念は、人に苦をもたらす原因となります。釈迦大師は、「私のものではないと内観することほど高度な実践はない」と言いました。「私の」を完全に滅することはそれほど難しいのですが、「私の」という観念を消していくことによって、何が起こっても心は穏やかな境地を保てるようになっていきます。

利己主義は、見方を変えれば霊性進化に役立つものです。なぜなら、心の中の悪しき性質を克服することや自分の置かれた逆境を体験することが、確固とした霊性の進化に繋がるのであり、そのような意味では、敵が強力であるということは、貴重な有難い体験となりえます。

江戸時代の一絲禅師は次のように述べています。

「逆境は自らを育てますが、順境ではそれが困難になります。問題を避けて逃げたり、ただ私心を殺して忍耐で堪えるのでなく、その境遇に置かれた原因を考え究明する。そうすれば、逆境は自分の利となるものです」。

「正しい者には災が多い。しかし、主はすべての中から正しい者を助け出される。主は彼の骨をことごとく守られる。その一つだに折られることはない」(詩篇 34:19-20)

「自分の敵や通りすがりの顔見知りですら、その出会いには必ず目的があります」(エドガー・ケイシー 1404-1)

「多くの場合において、困難が魂の成長を大きく助けています」(エドガー・ケイシー 3209-1)

「他人の中に欠点として見出すものは、常に、自分自身の最大の欠点なのです」(エドガー・ケイシー 815-2)

キリスト教では、信徒が胸の前で十字を描く仕草を行うことがあります。縦に指で空間を斬り、次いで横に指で空間を斬り、キリストの十字を描きます。

これは縦の線は「I(私)」の象徴であり、横に斬る所作は、

「I（私）を滅する」という意味が込められています。胸の前で十字を描くのは、キリストに意識を合わせると同時に、「私の」「私のもの」という利己的な観念を滅する決意の象徴でもあるのです。

十字を描く時には、右手の親指と人差し指と中指を合わせて、薬指と小指を内側に曲げます。これは、十字を描く三本の指は三位一体の象徴であり、曲げられた二本の指は、神性と人性の両性の象徴とされています。

「すべての事物は私のものではないという明確な智慧を持って観る時に、人は苦しみから遠ざかり離れる」（仏句経 279）

aparyāptaṃ tad asmākaṃ balaṃ bhīṣmābhirakṣitam
paryāptaṃ tvidam eteṣāṃ balaṃ bhīmābhirakṣitam 1.10

「ビーシュマが率いるわが軍は強大であるが、ビーマが率いる彼等の軍は貧弱である。(10)」

ドゥルヨーダナは、両軍の強さの比較をしています。

双方が戦争の準備を始めた時、真理と正義はパーンダヴァ兄弟側にありました。そのため道徳を尊重する一、二名の王はアルジュナ側に味方しましたが、膨大な数の人々は権力が強いドゥルヨーダナ側に盲目的に加担しました。

ドゥルヨーダナ側の軍隊は、11アクショーヒニ（武力を示す単位であり、1つのアクショーヒニとは、兵士109,350人、馬と騎手65,610組、象と象に乗った兵士21,870組、戦車と乗り手が21,870組）とクリシュナから譲り受けた無敵の軍隊。アルジュナ側の軍隊は7アクショーヒニとクリシュナとなりました。

そして、ドゥルヨーダナ側には最も経験が豊富で実践経験も多い老将ビーシュマが指揮を執り、一方でアルジュナ側は勇敢ではあるものの実践経験では劣るビーマが指揮を執っています。

二元性の世界では、常に競争心が起こります。人はどんなものでも比較したがり、優劣をつけたがり、勝ち負けにこだわります。そして、それによってさらに分離感を強めてしまいます。

人は、比較や競争をすることにより争いが絶えず、その結果、不幸を作り出します。一人一人の個性を尊重することなく、たった一つの側面で争い、優劣をつけたがるのです。

走るのが速いチーターが亀の遅い走りに優越感を抱くでしょうか？

クマがウサギに力を誇示することがあるでしょうか？

それぞれの生き物、そして人も一人一人独自の個性があるのです。それを比較し、優劣をつけることは有害でしかありません。

「ビーシュマが率いるわが軍は強大であるが、ビーマが率いる彼等の軍は貧弱である」という言葉は、物質界目線でしか見ることが出来ない人の心の中を表しています。

日常の社会生活においても、人は服装や持ち物、地位や名誉などで人を判断する傾向があります。通常の人の心の中では、圧倒的に物質界の力が勝っているかのように見えます。

そして「音」による戦いの始まりが告げられます。

「バガヴァッド・ギーター」では、音は心の音やエネルギーや霊的中枢の音を暗喩しています。

この部分には、特に「音」に関しての深い意味が隠されています。ここでは先入観をいれないよう解説はしません。先入観があると、深い意味に到達できなくなるからです。

ayaneṣu ca sarveṣu yathābhāgam avasthitāḥ
bhīṣmam evābhirakṣantu bhavantaḥ sarva eva hi I.II

「そこで、あなた方は全員で各部署を固め、何としてもビーシュマを守れ。(11)」

ビーシュマは、自我意識の象徴になります。

ビーシュマ（Bhishma）は、サンスクリット語の「Bhis（怖れ)」と「asmi（私、自我)」を合わせた名前になっています。人の中に在る自我主義の象徴です。

自我主義自体は、善いことにも悪しきことにも活用できますが、今回の戦争では人の中にある悪しき性質側を統括しています。「私の」「私のもの」という思考が、物質世界では神から人を離していくのです。

悪しき性質は、何よりも自我を大切にします。自我が土台に無くては、成り立たないからです。

ビーシュマよりも先に生まれた７人の兄たちは皆、地上に下りてまもなく天界へと帰っていきました。でもビーシュマだけは、地上に残ったのです。これは、先の７人はガンジス川に投げ込まれたこと（宇宙意識へ帰っていったという意味)、ビーシュマだけがガンジス川に投げ込まれずに地上に残った話（人間に自我が芽生えて地上に残たこと）によって象徴的に語られています。

また、次の節でビーシュマは、「Kuruvriddha（クル族の最長老)」とも呼ばれています。

これは、人が地上に下りた原初から芽生えた人間の自我の象徴としての意味が込められています。自我意識が、人を地上に留めたのです。

tasya sañjanayan harṣaṃ kuruvṛddhaḥ pitāmahaḥ
siṃhanādaṃ vinadyocchaiḥ śaṅkhaṃ dadhmau
pratāpavān 1.12

「ドゥルヨーダナの士気を高めるために、クル族の最長老で勇敢な祖父のビーシュマは、獅子吼して、法螺貝を吹き鳴らした。(12)」

ここでは「獅子吼（ししく）して……」という動物的な描写がされています。人間は、動物的な属性と神の属性の両方を併せ持っています。そして、そのどちら側へ意識を動かすかは、人の選択にかかっています。

同じ「愛」でも、動物的な愛と人間的な愛と神聖な愛では、とても大きな質的な違いがあります。

同じ「気持ちよさ」でも、
動物的な「快感」
人間的な「幸福」
神聖な「至福」
では、とても大きな違いがあります。
人間は、動物と神の間に架けられた橋のような位置にいます。

ドゥルヨーダナ側の軍勢は、ビーシュマの獅子吼に象徴されるように、動物的な方向性を選んだのです。
ビーシュマに象徴される人間の低次の動物的な一面を支えるのは、欲望や怒り、貪欲、嫉妬、執着などのドゥルヨーダナ側の各兵士に象徴される悪しき性質です。

さらに獅子吼は、動物的な呼吸をも意味しています。動物的な呼吸は、肉体を物質世界に強く繋ぎ止めておくことが出来ます。
人は呼吸によって、意識を神聖な方向へと向けることが可能ですが、動物にはそれは出来ません。人は呼吸によって、自分の心とエネルギーシステムを変化させられる唯一の生命体です。ここでは呼吸の大切さも暗示しています。

釈迦大師は、呼吸によって、怖れや怒り、欲望といった悪しき性質を善いものに変容させることが出来る方法を示しました。それは、経典「アーナーパーナサティ・スッタ」の中に収録されています。

呼吸は、「息」すなわち「自らの心」と書く通り、心の状態と密接に関連しています。呼吸は、無智から目覚めるために、意識をコントロールし、心を解放するためにとても重要な役割を果たします。呼吸と心を止めることや心の全体を深く観ることは繋がっています。

「悪しき者たちは、引き裂こうと、いらだつ獅子のごとく、隠れて待つ子獅子のようです」(詩篇 17:12)

「人間には、神性が宿っていると同時に、動物進化の名残としての獣性もあります。人間としての向上進化は、その獣性を抑制し、神性をより多く発揮できるようになることです」(シルバー・バーチ)

「利己的なことを求めてはいけません。そうでなければ、それがあなた自身の身に降りかかり、あなたの善良な目的を破壊するかもしれません。神が望まれることだけを求め

さない」(エドガー・ケイシー5346-1)

tataḥ śaṅkhāś ca bheryaś ca paṇavānakagomukhāḥ
sahasaivābhyahanyanta sa śabdas tumulobhavat 1.13

「その時、突然、法螺貝、大太鼓、小太鼓、軍鼓、角笛が一斉に鳴り響き、すさまじい喧騒に包まれた。(13)」

　ドゥルヨーダナ側の軍勢は、様々な種類の音を出しています。これは欲望と雑念の多さを象徴しています。これらの音は、身体と心の発する音を表しています。法螺貝は、心の音や生命エネルギーの流れる音、大太鼓は心臓の音や心の欲望など、小太鼓は脈の音や心の邪念など……。

　それらは、調和することなく、喧騒に包まれます。欲望と感情の波に翻弄される人の頭の中では、いつでも雑念が渦巻いています。苦しみに繋がるさまざまな欲望は騒音となり、至福に繋がる心の調和は、美しい旋律を持つ音楽になります。

　これは瞑想を始めたばかりの人が、必ず体験する雑念や雑音をも象徴しています。この物語は、地上、エネルギー界、そして人の生体内で連動して起きていることだからです。
瞑想を始めたばかりの段階では、自分の心の落ち着きのなさとの戦いになります。自分の心が、まるでしつけを全くしたことがない乱暴な子供のように好き放題暴れまくるのです。

瞑想を行う前までは意識していなかった、食べすぎや、怒りなどの感情の起伏や、性欲やさまざまな欲望といった日常生活での営みが、心を不安定にする要因であったことが明らかになっていきます。
日常生活の中で心を不安定にする要因を少しずつ改善していかないと、瞑想のために静かに座ろうとしても、さまざまな雑念や雑音が心に湧き上がってきます。やがて心だけではなく、身体も動き始め、感覚も落ち着かなくなっていきます。
これら心の雑念を消すためには、瞑想を続けるほかに、日常生活での睡眠や仕事、食事、思い、行動、などすべての面で調和をとることが大切になってきます。

「ああ、わが心臓の壁よ、わたしの心臓は、激しく鼓動する。わたしは沈黙を守ることが出来ない。ラッパの音と、戦いの叫びを聞くからである」(エレミヤ書 4:19)

tataḥ śvetair hayair yukte mahati syandane sthitau
mādhavaḥ pāṇḍavaś caiva divyau śaṅkhau
pradaghmatuḥ 1.14

pāñcajanyaṃ hṛṣīkeśo devadattaṃ dhanañjayaḥ
pauṇḍraṃ dadhmau mahāśaṅkhaṃ bhīmakarmā
vṛkodaraḥ 1.15

anañtavijayaṃ rājā kuntīputro yudhiṣṭhiraḥ
nakulaḥ sahadevaś ca sughoṣamaṇipuṣpakau 1.16

「すると、マーダヴァ（クリシュナ）とパーンドゥの子（アルジュナ）は、白馬に引かせた荘厳な戦車の上で、神聖な法螺貝を優雅に吹き鳴らした。(14)」
「クリシュナ（フリシーケーシャ）はパーンチャジャニヤという法螺貝を、アルジュナ（ダナンジャヤ）はディーヴァダッタという法螺貝を吹き鳴らした。猛将ビーマ（ヴリコーダラ）はパウンドラという大法螺貝を吹き鳴らした。(15)」
「クンティの子・ユディシティラ王はアナンタヴィジャヤという法螺貝を吹き鳴らし、ナクラはスゴーシャ、サハデーヴァはマニプシュパカという法螺貝を吹き鳴らした。(16)」

この部分は、浅い解釈だけにしておきますが、とても重要な意味が二重三重に隠されています。霊的中枢であるチャクラ、そして段階的なサマーディ（瞑想の諸段階）までもが示されている部分になります。

サマーディとは、「ヨーガ・スートラ」の定義では、「瞑想そのものが形を失ったかのような状態となり、その対象自体が輝く時のことをいう」と記されています。簡単に言うと、「神聖なるものと人が一つになる境地」のことを言います。

瞑想の雑念・雑音の後には、美しい調律ある旋律が聴こえるようになっていきます。これは音声を超越した音で、これらの音は「シャブダ」とも称されます。身体の奥から聴こえてくるこれらの音によって、瞑想者はさらに深く意識の中に入っていくことになります。

これらの音は、ある程度瞑想の進歩の指標にもなります。

他に瞑想の効果を実感する指標と言えるのは、安定した長い瞑想時間でもなく、瞑想によって得られるさまざまな現象でもありません。日常生活でどれだけ心が深く優しく穏やかになっているかが最も大切な指標になります。

クリシュナとアルジュナの乗る白馬に引かせた荘厳な戦車は、火の神アグニがアルジュナに寄贈したものです。

火の神アグニは、人と最も親しい神です。私たちの生体を使った人間活動は火の元素が基盤になっているからです。アルジュナがアグニの戦車に乗ったということは、清浄な心身の中で火の元素が活性化したということ。最も動的な生命エネルギーである火の元素（クンダリーニの火）が動き出したことを意味します。

またアグニは、祭祀において数多く生まれる神とも言われますが、アルジュナと同じ解脱の道へ数多くの人が歩むようにとの願いも含まれています。

清らかな火のエネルギーは、人を浄化し、知性を高め、活力を与えてくれるものです。

この戦車は肉体を表しています。生命場において肉体を纏っている姿が、戦場の戦車で表現されています。戦車に繋いである馬たちは、感覚器官を表しています。そしてその馬が白馬であるのは、純粋性と正義の象徴です。そして戦車を導いているクリシュナは、真我の象徴でもあります。

聖書でも、白馬は象徴的に使われています。

「見よ、そこには白い馬がいた。それに乗っている御方は、「忠実で真実な者」と呼ばれ、正義によって裁き、また戦う方である」（ヨハネの黙示録 19:11）

ヴェーダでは、白鳥も神聖な者の象徴とされています。パラマハンサとは、サンスクリット語の「param（至高の、超越した）」と「hamsa（白鳥）」を合わせた言葉です。白鳥は、創造神の乗り物、つまり魂の象徴とされています。白鳥が、水と陸を同じように行き来できるように、パラマハンサは物質世界と霊的世界の両方を自由に行き来出来るという意味になります。

「ニヤーヤ・スートラ」には、「白鳥は、水で薄められたミルクからミルクだけを分離して飲む」と書かれています。白鳥は真理の探究者を表わし、ミルクは真理を象徴しています。これは、白鳥を使って、さまざまなエネルギーから純粋な神のエネルギーだけを選んで吸収する霊的識別力の必要性を説いたものです。

さらに「ham sa」には、「私は神」という意味があり、サンスクリット語の「ham」と「sa」には、吸気と呼気の神聖な波動と繋がりがあります。つまり人は、無意識に呼吸をするたびに、「私は神です」と唱え続けていることになります。これが呼吸を大切に扱う真の理由の一つです。

そして、パラマハンサの尊称は、一般的に、神との霊交に達する境地を得た師に与えられるものです。

この節ではクリシュナは、マーダヴァ（madhavah）、幸運の女神の夫と呼ばれています。これは戦闘を始めるにあたって、アルジュナ側に幸運をもたらすクリシュナの力を示唆するものです。

アルジュナ側は、先に法螺貝を吹くことはありませんでした。先にドゥルヨーダナ側の軍隊から戦闘を開始するための合図を行っています。これは正義の道を歩む人は、自分の方から先に攻撃をしかけていくことは原則ないということを意味しています。

それと同時に霊的解釈では、瞑想の過程が示されています。誰でも最初は、雑音から始まるものですが、長く続けることによって、次第に霊的な音が聴こえるようになっていきます。

ここではクリシュナとパーンダヴァ５人兄弟の「神聖な」法螺貝の名称が紹介されています。敵側の法螺貝には、このような記述はありません。

クリシュナの法螺貝は、パーンチャジャニヤ。これは、この世界を作り出した五大元素を創造した主を意味します。法螺貝の中は空洞であり（最初に空がある）、そこにクリシュナ（神）が息を吹き込むことで、他の四大元素である地・水・火・風が生まれます。これはAUMの聖音になります。この戦場が、どんな状況となろうとも、すべてはAUMの聖音に包まれていることを示しています。

この15節ではクリシュナの名がフリシーケーシャ（すべての感覚を制御する者）と記されています。またフリシーケーシャには、髪の長い者という意味もあります。髪は、エネルギー領域の感覚器官としての役割もあります。

アルジュナの法螺貝は、ディーヴァダッタ。これは神からの富、神からの恵みを意味します。今のアルジュナにとっては、日本の三種の神器と同等のものです。人が再び神との合一を果たすために必要なものになります。さらに神が創造したすべての存在をも意味します。

この音は、「マニプーラ・チャクラ（第三チャクラ）」の波動を象徴しています。ハープや弦楽器のヴィーナのような繊細な音になります。「サアーナンダ・サムプラジュニャータ・サマーディ」の象徴でもあります。

アルジュナの名はこの節では、ダナンジャヤ（真の富を獲得する者）とされています。

ビーマの法螺貝は、パウンドラ。これは低次の自己を崩壊させて高次の自己へ移行する、高い人格、清浄を意味します。

ビーマの名は、ヴリコーダラになっていますが、これは悪魔ヒディンバ（低い自己・霊的無智の象徴）を倒した時に呼ばれた名に由来しています。長く持続する霊的ベルの音になります。

この音は、「アナーハタ・チャクラ（第四チャクラ）」の波動を象徴しています。「サアスミター・サムプラジュニャータ・サマーディ」の象徴でもあります。

ユディシティラの法螺貝は、アナンタヴィジャヤ。これは、無限領域の征服者、永遠の成功を意味します。

この音は、「ヴィッシュダ・チャクラ（第五チャクラ）」の波動を象徴しています。雷のような、遠くから聴こえる大きな津波のうねりのような音になります。「アサムプラジュニャータ・サマーディ」の象徴でもあります。

サハデーヴァの法螺貝は、マニプシュパカ。これは音によって明らかにされるもの、比類なきほどに美しい宝を意味します。

この音は、「ムーラダーラ・チャクラ（第一チャクラ）」の波動を象徴しています。ミツバチが羽ばたくような音になります。「サヴィタルカ・サムプラジュニャータ・サマーディ」の象徴でもあります。

ナクラの法螺貝は、スゴーシャ。これは超越と明晰、甘美を意味します。

この音は、「スヴァディスターナ・チャクラ（第二チャクラ）」の波動を象徴しています。澄み切ったフルートのような音になります。「サヴィチャーラ・サムプラジュニャータ・サマーディ」の象徴でもあります。

アルジュナの軍では、この戦いが神聖なるものであることが宣言されています。

ここで聖なる戦いとサマーディの関係について述べておきましょう。

人の心は、肉体の五感で感じたものをすべて記録します。あらゆる思いや行動のすべてが記録の対象となります。

例えば、ある場所に旅行に行ったときに美味しい物を食べたとします。その食べ物を味わった感覚は心に印象として刻まれます。そしてずっと後になってから、同じ場所を訪ねた時に、その時の感覚が蘇り、また食べたくなり、欲望を生み出します。そしてまた食べて味わうことによって、新たな印象が心に刻まれるとともに、過去の印象も強化されます。これは生体のエネルギーの流れを乱す要因となります。

ヨーガでは、この印象を消してしまえばよいとされています。でも、心に刻まれた印象は無数にあり、一つ一つの印象を消していくのは不可能です。人は一日中ずっと五感を使い続け、すべての瞬間を心に印象として刻み込み続けているからです。

唯一、心の印象を一度にすべて消してしまう方法が、サマーディなのです。心の印象は、サムスカーラと呼ばれていますが、このサムスカーラを消滅させることによって、人は解脱に至るのです。このサマーディは、深い安定した瞑想によってもたらされます。

ここではドゥルヨーダナの軍隊の無数の兵士たちが心の印象の象徴でもあり、それをサマーディの象徴でもあるパーンダヴァ５人兄弟が消していくことになります。

アルジュナの軍隊の法螺貝の音は、人体に存在する各霊的中枢の目覚めの象徴となります。

人の身体は、肉体の背後に精妙なエネルギーレベルの身体を有しています。エネルギー体には、創造主からのエネルギーを循環させるシステム（ナディ）が備わっています。

ナディ（Nadi）とは、サンスクリット語で「流れ」や「経路」を意味し、生命エネルギーであるプラーナの通路とされています。生命エネルギーは、このナディを通って全身に分配されます。

古代のウパニシャッド期の文献では、ナディは、およそ73,000あるとされているものから、350,000あるという記述のものまであります。これはどのくらいまで細かく見て分類するかで定義される数字であり、違う意見というわけではありません。ナディに関しては、「シュリ・ジャーバラ・ダルシャナ・ウパニシャッド」や「シャンリラ・ウパニシャッド」に最も詳しく解説されています。

最も重要なナディは、14ほどになります。その中でも最も重要なものは、イダー、ピンガラー、スシュムナーと呼ばれるナディです。イダーとピンガラーは肉体器官では、左右の交感神経幹に相当し、スシュムナーは脊髄に相当します。

このナディが全身をくまなく網目のように張り巡らされている中で、主要なナディや多くのナディが集中する場所を霊的中枢（チャクラ）と称します。

意識の焦点が一番下の霊的中枢からスシュムナーを上昇するにしたがって、私たちの意識状態は変化していきます。その性質は、地（固形）から水（液体）、火、風（気体）、空へと変化します。

一番下に在る「ムーラダーラ・チャクラ（第一チャクラ）」が地（固体）の領域であり、物質世界の領域での日常生活はこのエネルギーで問題ありません。

意識が次の霊的中枢である「スヴァディスターナ・チャクラ（第二チャクラ）」まで上昇すると、より微細な水の性質を持つ次元へと変化します。

さらに上の「マニプーラ・チャクラ（第三チャクラ）」まで上昇すると、水の性質は火の性質となり意識はさらに微細さを増していきます。

さらに上に上がっていくと、さらに微細になっていきます。霊的脊髄であるスシュムナーを上昇していく過程で、粗い波動から微細な波動へと移行していきます。これらの変容の種子は、すべての人の中に内包されているものです。

またこれら五つのチャクラは、延髄から人体内に取り入れた宇宙エネルギー（プラーナ）を五つの生命エネルギーの流れに分ける役割も担っています。

チャクラに関してはこの程度の知識に留めておいた方がよいでしょう。これは本来、自己浄化と自己制御の修練を行い、執着を断った時に自然とクンダリーニが上昇を始め、それに伴い認識されるものだからです。

興味本位で行うチャクラの活性化テクニックや知識は、霊性進化の妨げになってしまうことがあります。

聖書には次のように記されています。

「天地の主なる父よ。あなたをほめたたえます。これらの事を知恵のある者や賢い者に隠して、幼な子にあらわしてくださいました」(マタイによる福音書 11-25)

これは神の元では人の知識など取る足らないものであり、知識よりも、(幼子が親を求めるような) 神を求める純粋さ誠実さの方が大切であることを意味しています。

ここで少し聖音 AUM について言及しておきましょう。

AUM は、宇宙の基本音です。AUM は、A と U と M と言語音を超えた音(アナーガタ)で構成されています。「マーンドゥーキヤ・ウパニシャッド」に AUM の神髄が記載されています。

この聖なる音は、すべての存在の中に鳴り響いているもので、特定の技法を続けることによって、誰もが霊的な耳によって自分の内側から聴くことのできます。この三音は創造、維持、破壊を象徴する言霊で、インドではブラフマ・ヴィシュヌ・シヴァの三神で象徴されます。

A は頭の周波数に共鳴し、U はハートの周波数に共鳴し、M は丹田から第一チャクラまでの周波数に共鳴します。この言霊は脳内を満たし、それから脊髄を通ってハートを拡げ、生命力の源泉に到達し身体中が共鳴していきます。それは肉体レベルを超えて至上霊である神との合一に至るための乗り物となります。

AUMは、創造活動をする神の性質の三つの相の一つです。ヒンズー教ではオーム・タット・サットで表されます。

オームは、創造主である神が波動として現れたもの、万物万象はこのオームから創られました。ヨハネの福音書の「ことば」と同義語です。

タットは、すべての被造物の中に含まれる神の知性です。

サットは、すべてを超越して存在する神を意味します。

このオームで表される波動が意識の深い部分へ浸透していくと、オームに内在するタット（神の知性）に触れることが可能となり、それが至上霊である神との霊交へとつながっていきます。

ヨハネの福音書14章6節には「わたしは道であり、真理であり、命である。だれでもわたし（タット：神の知性）によらずに、父のみもと（サット）に行くこと（普遍意識に達すること）はできない」という表現で示されています。

インドの聖典においては聖音AUMの唱え方はいくつかの方法があります。伝統的にAUMは三回一セットで唱えられます。

最初のAUMは高い音程で、二度目は中程度の音程、最後は低い音程です。これは全宇宙と人の三段階の周波数と同調します。

ただし、最大の効果を期待し、人と神を繋ぐ乗り物とするためには、これを超えた技法での唱え方が必要となります。

古代からヨギに伝承されてきたこの技法に関してはインドの聖者パラマハンサ・ヨガナンダ大師によってSRF（Self-Realization Fellowship）本部を通して一般公開されています。

この最も精妙な聖音は、万物万象の中に実際に内在され奏でられているもので、伝統的な唱え方を超えた深い瞑想状態における深い意識状態での唱え方によってAUMの周波数に同調した時に聞くことが可能です。

ちなみにこの原音AUMは、すべての存在、すべての言葉の中に存在します。人が口にするあらゆる言葉を正すことが霊的進化につながるという理由はここにもあります。

AUMのような聖音が善い目的にも悪い目的にも使えるように、私たちの口から発する声は、善いものであれば自分自身も癒し、調和されますし、悪いものであれば、自分自身が傷つけられます。だから、ハヌマーン（後述）やドラウパディーのようにいつでも神の名を唱えていることで、生体全体が調和に包まれていくのです。

「初めに言があった。言は神と共にあった。言は神であった」(ヨハネによる福音書1:1)

「アーメンたる者、忠実な、真理の証人、神に造られたものの根源である御方」(ヨハネの黙示録3:14)

古代インドでは、人の声は最高性能を持つ楽器とされていました。インド音楽の音域が、人の発声できる範囲である3オクターブ以内に限定されていることや、複数の音を同時に奏でる和音よりも旋律とリズムを優先しているのは、人の声に最適な音楽に合わせてあることが理由です。

それは西洋の交響楽などの聴かせる音楽と違い、歌を歌う人と聴く人を霊的調和に導くためという目的があるからです。このことは日本の和歌も同様です。

特にサンスクリット語においては、音声学（シクシャー）がとても発達しています。

サンスクリット語の文字と単語、文章を発音する時に、口の動きや舌の位置をコントロールすることにより、体内からどのように空気の流れが起こるのか、身体と口がどのように発する音に反響するのか、発する言葉の強さや長さはどれが理想的なのかが高度に体系的に示されています。

言葉一つで、その人の使い方によって世界が大きく変容すると言われています。そのため、音声学は「ドヴァニ・ヴィジュニャーナ：音の意識、音の心、音の効用」とも呼ばれています。

音声学をしっかりと学び、常に意識することで、最高の言霊に仕上がるのです。自分の発する声が、自分を癒すだけでなく、人を癒し、地球を癒し、世界を癒していくことになります。

そのことを示す神話もあります。

ヴリトラという悪魔が、インドラ神の力を真言で制御しようとします。ヴリトラは、祭祀を行い真言を唱えるのですが、邪悪なことを考えるうちに唱えている真言の抑揚を少し間違えてしまいます。それによって、効力が極めて弱くなり、ヴリトラが不利な立場に陥ってしまったという話があります。これは、発音と詠唱を正しく使えば、真言の効力が強まることを示した逸話です。

残念ながら、現代社会では忘れかけられていますが、日本も「言祝(ことほ)ぎの国」と言われているように、言葉の力、言霊をとても大切にする国です。

自分の発する言葉が、霊力を持ち、自分にも相手にも、そして宇宙にも影響を与えることを知り、意識して言祝ぐことが大切です。また、言葉だけでなく、思いも強い力を持つことを知っていなければなりません。

聖書にも「バガヴァッド・ギーター」と同じような言い回しが出てきます。

「私はたとえに耳を傾け、立琴に合わせて私のなぞを解き明かそう」（詩篇 49:4）

これは聖書を「たとえ」、つまり物語の背後に真理を隠したたとえ話にしているという意味で、文字通りに読むだけでは真意が伝わらないことを示しています。

「立琴に合わせて私のなぞを解き明かそう」とは、詩のように美しい旋律で神の神秘を解き明かしましょうという意味になります。まさしく物語の中に真理を隠して詩にしている「バガヴァッド・ギーター」と同じことを述べています。

アファーメーションと呼ばれる神への賛辞や美しい祈りも同様に、自分自身を癒し、波動を高めてくれる役割があります。

アファーメーションは、心穏やかに、ゆっくりと繰り返し唱えます。次第に声を小さく、ささやくようになるまで唱えることが一般的な方法です。これを繰り返すことによって、心の深い層へと意識が入っていき、平安と至福が感じられてくるはずです。それは、深い部分にある意識を繋ぐ力となっていきます。

「イーシュヴァラ（神）を言葉で表したものが、神秘音オームである」（ヨーガ・スートラ第一章27）

「小羊が第七の封印を解いた時、半時間ばかり天に静けさがあった。それからわたしは、神の御前に立っている七人の御使を見た。そして、七つのラッパが彼らに与えられた」（ヨハネの黙示録第8章1-2）

この後、クリシュナ、パーンダヴァ5人兄弟に続いて、味方の法螺貝が鳴り響きます。これらの音は、パーンダヴァ兄弟（霊的中枢、チャクラの象徴）と連動した主力戦士たち（主要ナディの象徴）となり、体内の意識の変容の過程が表現されています。

kāśyaś ca parameṣvāsaḥ śikhaṇḍī ca mahārathaḥ
dhṛṣṭadyumno virāṭaś ca sātyakiś cāparājitaḥ 1.17

drupado draupadeyāś ca sarvaśaḥ pṛthivīpate
saubhadraś ca mahābāhuḥ śaṅkhān dadhmuḥ
pṛthakpṛthak 1.18

sa ghoṣo dhārtarāṣṭrāṇāṃ hṛdayāni vyadārayat
nabhaś ca pṛthivīṃ caiva tumulobhyanunādayan 1.19

「弓の達人カーシ王と大戦士シカンディ、ドリシタデュムナ、ヴィラータ、無敵のサーティヤキ、(17)」
「王よ、ドルパダ、ドラウパディーの息子達、腕達者なスバドラーの息子も、一斉に法螺貝を吹き鳴らした。(18)」
「激しい音は天地に轟き、ドリタラーシュトラの息子達の心臓が引き裂かれんばかりに。(19)」

ドゥルヨーダナ側が音を出した時には誰も驚くことなく、アルジュナ側が音を出した時には、天地が震え、ドゥルヨーダナ側の100人兄弟たちは心臓が引き裂かれそうになるほどの状態になります。

これは、悪しきことを行うことにより、真我が自我にある不調和な波動に対して影響する様子を象徴しているものです。心臓は、ハート、心のエネルギーを表しています。

日本では、罪穢（けが）れを浄化する禊（みそぎ）というものがありますが、それにはさまざまな当て字がされることがあります。

音のエネルギーによって浄化する禊を耳注（みそ）ぎと書くこともあります。これは音で浄化することを意味しています。自我の不調和を排除する浄化を身削（みそ）ぎと書くことも出来ます。

「天地」とは、天（霊的生体）と地（肉体）の象徴であり、天（上位の霊的中枢）と地（下位の霊的中枢）の象徴にもなっています。

霊的中枢から聴こえる音によって肉体から霊体までが振動すると、自我と肉体に囚われている状態にとっては脅威となります。

ここでもう一度、霊的な解釈のために整理しておきます。

パーンドゥ5人兄弟は、人の中に在る五つの善の性質の象徴です。

カウラヴァ100人兄弟は、人の中に在る百の邪悪な性質の象徴です。カウラヴァ100人兄弟が率いる一万の軍勢は、さまざまな欲望の対象を象徴しています。

また、この5人兄弟は、五大元素としての深い役割も隠されています。

五大元素の性質としては、
長男ユディシティラは「空」、
次男ビーマは「風」、
三男アルジュナは「火」、
四男と五男は双子で、サハデーヴァは「地」、
ナクラは「水」です。

宇宙のすべてはこの五大元素によって形成されています。
この五大元素の霊光は、瞑想によって第三の眼で観ることが出来ます。

神の中心にある原初のエネルギーが、五つの純粋な光に分かれて広がっていく様子です。
金色の光の輪に囲まれた青い空間の中心の中に光があり、そこから五つの閃光が放たれています。
これは、瞑想の技法を続ければ、第三の眼で、誰でもいつかは見ることができます。

金色の輪の中の深く濃い青い空間の中心に光が見えます。この部分がクリシュナで表現されています。そしてその中心の光から、五つの光が放射されて見えます。この一つひとつの光が、ギーターではパーンダヴァ５人兄弟とし

て表現されています。これらの光は、各々特徴的な性質を持っています。

宇宙のすべての存在、すべての現象は、この中心の光から発する五つの純粋な光によって構成されています。

それは私たちが肉眼の目で見る光よりもはるかに微細なもので、その光が波動を下げながら、複雑に絡み合い、エネルギーの世界で万物万象を作っていき、最終的に物質次元で知覚できる万物万象として具現化されていきます。

この世界のすべてのものは、この五つの精妙な光の組み合わせでできています。この五つの光は、その性質から地水火風空に分けることができます。

クリシュナとアルジュナを含むパーンダヴァ５人兄弟が発する法螺貝の音は、宇宙の万物万象を創り出す様子までもが象徴されています。

さらに、前述したように、５人兄弟は、五つの霊的中枢としての象徴も担っています。なぜなら、繰り返し言いますが、この「バガヴァッド・ギーター」は、人の身体の中で起きている霊的変容を描写しているからです。

長男ユディシティラは

「ヴィッシュダ・チャクラ（第五チャクラ）」、

　次男ビーマは
「アナーハタ・チャクラ（第四チャクラ）」、
　三男アルジュナは
「マニプーラ・チャクラ（第三チャクラ）」、
　四男サハデーヴァは
「ムーラダーラ・チャクラ（第一チャクラ）」
　五男ナクラは
「スヴァディスターナ・チャクラ（第二チャクラ）」です。

　アルジュナは最高の弓使いであり、弓は安定とバランス、的確に目標を定めることの出来る、自制心の象徴です。

　王家（神へ向かう集団）の人間としての役割の中では、長男ユディシティラは王家の権威と人格、次男ビーマは武力、四男サハデーヴァは知恵と頭脳、五男ナクラは品格と輝き。そして、それらを安定してまとめ、自制心をもって神に向かわせる推進力となるのが、三男アルジュナなのです。

　ちなみに、アルジュナは弓を使った武術に秀でていて、それを自分の霊性を高めるために利用しました。すべての人が自分の得意分野を活かすことが大切です。

「どの人も他人との関係において、あらゆる人を凌ぐ才能、働きを持っている……誰かの為に！それ故、どの魂も、神の精神、目、心から見て、他の魂と同じように高貴であることを知りなさい」（エドガー・ケイシー 1786-1）

戦争前の和平調停の場においてクリシュナには、パーンダヴァ兄弟の方がより親しい親族であるかのような振る舞いが見られました。その時、親族たちから「クリシュナよ、何故あなたはパーンダヴァ兄弟の方を味方するのか？」と問われたことがあります。

この問いに対してクリシュナは、ドリタラーシュトラ王に次のように大きな声で語りました。

「カウラヴァ兄弟とパーンダヴァ兄弟は同等ではない。私とパーンダヴァ兄弟との関係を語ろう。私の肉体にとって、ユディシティラは頭であり、ビーマは胴体であり、アルジュナは両肩と両腕であり、サハデーヴァとナクラは両脚である。そして私クリシュナはハートである」。

また、アルジュナはこのマハーバーラタの戦いで生き残った後で、次のような感想を長男ユディシティラに述べています。

「クリシュナ神は、私たち５人兄弟を、クリシュナ神自らのパンチャプラーナ（五つのプラーナ）であるかのように守り、あらゆる些細なことにおいても助け導いてくれました」。

この「パンチャプラーナ」とは、宇宙のすべての存在の基礎となるプラーナを、以下のような5種類に分けたものです。

プラーナ気　：生体にエネルギーを取り入れる役割があります。上方へ向かう性質を持ちます。火の元素優位。
アパーナ気　：老廃物の排泄を行います。下方に向かう性質を持ちます。地の元素優位。
サマーナ気　：消化の役割があり、内臓器官の働きを補助します。水の元素優位。
ウダーナ気　：動きに関する役割があります。風の元素優位。
ヴィヤーナ気：肉体からエネルギーレベルまでの全身の循環に関与します。空の元素優位。

「シヴァ・サンヒター」第三章には、「プラーナ気は心臓に、アパーナ気は会陰に、サマーナ気は臍から上に、ウダーナ気は喉元に、ヴィヤーナ気は全身に巡る」と書かれています。

これらのさまざまな象徴的役割は、深い霊的解釈に必要なことになります。

例えば、パーンダヴァ５人兄弟を五大元素の象徴として見れば、この聖典は五大元素の詳細な教えになりますし、パンチャプラーナの象徴として見れば、この聖典はパンチャプラーナの詳しい解説書として読むこともできます。

この「激しい音は天地に轟き……」は、さきほどの「天地」の解説の通り、霊性進化の道に入る時に起こる、良心が揺り動かされるような気持ちや自分自身が行ってきた悪しき行いに対する心引き裂かれるような思いが表現されています。

「神の響きは全地にあまねく、その言葉は世界のはてにまで及ぶ」（詩篇 19:4）

atha vyavasthitān dṛṣṭvā dhārtarāṣṭrān.h kapidhvajaḥ
pravṛtte śastrasaṃpāte dhanur udyamya pāṇḍavaḥ 1.20

「こうして、戦闘が始まろうとした時、ハヌマーン（神猿）の旗印を掲げるアルジュナは、布陣したドリタラーシュトラの軍勢を見て、弓を手に取り、クリシュナに向かって次のように言った。(20)」

ハヌマーンは、風神ヴァーユと天女アンジャナーとの間に生まれた神猿です。ハヌマーンは、不死であり、誰も打ち破れない強さと卓越した叡智を持ちます。ハヌマーンには、「智慧を持つ者」「顎骨（がっこつ）を持つ者」という意味があります。

神話の中では、ハヌマーンは、太陽を果物だと思って天に上り、インドラによって顎を砕かれてそのまま転落死してしまいました。その知らせを聞いた風神ヴァーユは激怒して、世界に風を吹かせるのを止めてしまいます。

それによって空気は淀み、多くの人間や生物たちが死滅し、最終的に他の神々がヴァーユに許しを乞います。風神ヴァーユは、ハヌマーンに不死と比類なき強さ、叡智を与えれば、風を復活させることを約束します。神々は、その要求を受け入れるしかありませんでした。

そして、ハヌマーンは、神々から得た強さと叡智を得て復活し、風神ヴァーユは世界に再び風を吹かせた」とされています。

ハヌマーンについては、聖典「ラーマーヤナ」の中で詳しく記述されています。常に真我を求め、意識のすべてをラーマに捧げています。そのため、「常に真理と繋がっている」というサットサンガの象徴にもなっています。

それゆえ、ハヌマーンの旗は、無敵の強さと優れた叡智、そして常に神と繋がっていることの象徴です。

ハヌマーンは、体毛一本一本がすべてラーマ神の名前を唱えているとされています。ハヌマーンは、ラーマ神のことだけを話し、ラーマ神の栄光だけを歌っています。それによってハヌマーンは意識浄化の道を究めていたのです。

ハヌマーンの尾がとても強力な武器となっているのは、ラーマ神の力で満たされているからです。さらにハヌマーンは、「美しい者」とも呼ばれていますが、それは心の中心にラーマ神が安置されているからです。

聖典「ラーマーヤナ」の叙事詩では、ハヌマーンは何度もラーマ王子を助けた最も優れた戦士であり、雄弁家として描かれています。

ある時、ハヌマーンはラーマ王子に「お前はどのように私を見ているのか、語ってくれ」と言われたことがあります。ハヌマーンは次のように答えています。

「ラーマ様、私は自分が肉体意識のうちにある時には、あなたを唯一の神として礼拝し、自分をあなたの一部とみなしています。自分は神の一片であると。また、私はあなたを神聖な主として瞑想し、自分をあなたの召使いとみなします。そして、私が至高の境地に在る時には、私はあなたであり、あなたは私であると見ています」。

これは理想的な神と自分との関係性を示しています。

またハヌマーンは、パーンダヴァ兄弟のビーマに出会ったことがあります。

ある日、ビーマは妻のドラウパディーに花束を捧げようと、森の奥へ入っていきました。ビーマは力が強いので、森の中をまっすぐに進み、前に立ちはだかるものが巨石であろうと木々であろうとすべて蹴散らして進んでいきました。

すると、目の前に老齢の猿が横たわっていました。ビーマは、「邪魔だ、退け！」と猿に向かって怒鳴りました。猿は静かな声で「私は年老いて動けない。私の尾を横に動かしてから、前に進んでおくれ」と言いました。ビーマは、猿の尾を足で蹴って払いのけようとすると、びくとも動きません。そこで、両腕を使って猿の尾を持ち上げようとしても、やはりびくとも動きません。誰よりも怪力のビーマが全力を出しても、動かすことが出来ないのです。

この時ビーマは、その猿が英雄ハヌマーンだということに気が付きました。

「その通り、私はお前の兄ハヌマーンだ」とハヌマーンは言いました。ビーマと父が同じ風神ヴァーユだからです。

このことを通してビーマは謙虚さを学び、無事に妻に花束を差し上げることが出来たのでした。

ビーマは、ここで謙虚さと同時に、動物に対する敬意をも学んでいます。でも、まだ植物に対する敬意が不十分だったようです。それが、ビーマがクリシュナに選ばれなかったいくつかの理由の一つになっています。

北米先住民たちは、花を摘むことなく観て楽しみます。「花は、人の心を楽しませてくれるものであり、摘み取って身に着けるものではない。花々は野で自由に咲き、必要とする生き物に恵みを提供し、天寿を全うすれば、周囲の生き物を豊かにすると共に、偉大なる力によって再び生まれてくることが出来る。偉大なる力の仕事をいたずらに摘み取ってしまうことは身勝手な行為だ」。

ラマナ・マハリシ大師も、花や葉一枚まで大切にして、アシュラムの木から果実を収穫する時でさえ、できるだけ優しく摘み取るようにと彼の帰依者たちに助言しています。

「ハヌマーンの旗」を掲げることによって、霊性進化の道に無敵の強さと卓越した叡智が伴い、アルジュナが勝利へと導かれることがわかります。

それと共に、ハヌマーンを動物の代表として、アルジュナがすべての生き物にも敬意を払っているように感じられます。すべての生き物に敬意を払うことは、霊性を高める上でとても重要なことになります。

「精神的には、自我よりも自分が到達したいと願うものを優先させなさい。それを高く掲げなさい。そしてそれを精神的な方向へと掲げ続けなさい」（エドガー・ケイシー5545-2）

hṛṣīkeśaṃ tadā vākyam idam āha mahīpate
senayor ubhayor madhye rathaṃ sthāpaya mecyuta 1.21

yāvad etān nirikṣehaṃ yoddhukāmān avasthitān
kair mayā saha yoddhavyam asmin raṇasamudyame 1.22

「不動不滅の人（クリシュナ）よ、私の戦車を両軍の間に止めたまえ。戦おうとしてここに対峙する戦士達を見渡し、誰と戦うべきかを見極めたい。(21、22)」

戦闘を前にしたアルジュナの言葉です。

アルジュナは、ここでクリシュナのことを「不動不滅の人（acyuta）」と呼びます。これは何が起こっても屈服することのない人という意味があります。アルジュナ側の軍隊は小さくても、不動不滅の人がいる以上は安心であるという気持ちが表れています。

それは霊性進化の道を歩み始めた人にとって、真我、内在神の存在を確信し、真我がいつもついていることを信じることが、いかに心強いことかを表しています。

また、ここで「不動不滅の人（acyute）」に「私の（me）」が合わさって、「私の不動不滅の人（mecyuta）」とされているのは、クリシュナが神として存在しているのと同時に、自分に内在する真我もあることを読み手に再認識してもらうためです。

霊的に目覚め始めたアルジュナは、自分の心の中をじっくりと内観する機会を願います。これは、人の心の中の二元性を見極めることの象徴であり、またこの世界の二元性の間に立ってよく見極めたいという欲求の象徴でもあります。

真の清らかさを達成するためには、自分の中にある悪しき性質を見極めることが重要です。もしもそれにすら気づくことが出来なければ、戦って勝利をおさめることなど出来るはずがありません。

もしも自分の中の悪しき性質に気がつくことがなければ、これらの波動は心の深い部分に隠され、蓄えられ、次第に強い力を持つこととなり、それは心の衝動といった形で表れてきます。清らかな心は、真我を映し出す鏡となるはずですが、心の奥の悪しき性質がその鏡を曇らせます。

この戦いに勝利するということは、悪しき性質を消すだけでなく、今後自分も、世界も、今までとは違う新しい思いと行動、清らかで神の摂理に沿った行動だけになることを意味しています。

日本でも、「自分の胸に手を当ててよく考えなさい」という所作があります。頭で考えるのではなく、胸に手を当てて考えるとは、「ハート（心）の中の状態を、手を通して霊眼に持っていき、見極める」ことを意味しています。これはアルジュナの行動に近いものになります。

神道の基本にも「清明正直」という考え方があります。それは、汚れを清らかにし、暗い部分を明らかにし、歪んだものを神に向けて真っすぐに直していくというものです。

それにはまず、ありのままの自分の内側の姿を見つめていくという所作から入ります。禊祓いに先立って、今の自分の中に、汚れや歪みがないかを勇気を持って見ていくのです。禊祓いの際には、内面を清めている本質を理解し、その象徴として外面を清める所作があることを忘れてはなりません。

「愛する者たちよ。肉と霊との一切の汚れから自分を清め、神を敬い全く清くなろうではないか」（コリント人第二の手紙 7:1）

ところで、神道においては女性的な表現が使われますが、「バガヴァッド・ギーター」では戦争という舞台の上で男性的な表現が使われています。それは時代的背景として、戦いという理解しやすい表現を採用しているだけであり、しっかりと全編を読み通すと、戦いが本当は戦いではないことに気が付くことが出来るでしょう。

戦いが存在する世界で育った人は、戦いの比喩が理解しやすく、一万年以上に渡り戦いがなかった古代の日本においては、一切対立することなく和を基調とする教えとなるといったように、全く表現方法が異なってくるのです。

がんのイメージ治療でも、同じ手法が使われています。

女性性の考えが主体の人には、自分の身体を愛し、がんを愛するイメージを作ることで、がんを溶かして消していきます。一方で、男性性の考えが主体の人には、自分の体の中の防衛軍ががんを攻撃して、弱らせていくイメージを作ることで、がんを縮小させていきます。このどちらもが成果を上げています。

心の中の戦いでは、敵を明確に把握する必要があります。でも、難しいことに、自分が正しい識別力と知性をもって認識できなければ、内側の敵はわからないのです。

人間の内側に潜む真の敵は、生まれてからずっと共にいるために、時には敵とみなせないこともあります。そこをしっかりと見極めなければ、内なる戦いでの完全勝利は困難になります。さらに、敵とわかっていても、恐怖心や悲哀が残っていると、意志を委縮させたり、心が激しく揺れ動かされたりしてしまいます。

私たちの思考は、振り子のように両極の間を揺れ動いています。そして、なかなか真ん中で停止することが出来ません。

アルジュナは、クリシュナに願い、真ん中で止めてもらいました。

釈迦大師は、「人が両極の正中に留まることが出来た時に、二元性を超えることが可能となる」と言いました。これは中道として知られています。

すべての二極性のちょうど正中に留まれれば、揺れ動く思考は安定して止まることを意味します。釈迦大師は、中道に留まることは、人を目覚めさせ、正しい道を理解させ、心の静寂を得て、智慧を得て、正しい悟りと涅槃のために役立つことを説いています。

アルジュナは、自分の心が静謐の中で中道に入ったのではありません。そのため、正中から両極を見て、思考は再び揺れ動きだします。でもこの両極の間に立って、すべてを俯瞰したことがこれから役に立っていくのです。

また釈迦大師は、「妙実智見」という言葉も残しています。これは、自分の偏見や知識を入れずに、あるがままの状態を見て、あるがままに知ることを意味しており、現在でも仏教における基本となっています。悟りを開くためには「妙実智見」が必須であり、これによって真理を知覚することになります。

唯一無限の創造主からの「言葉（光十波、光、エネルギー）」は、精妙な光のエネルギーとして虚空に拡がり遍満し、様々な波動領域へと波動を下げつつ展開を繰り広げていき、低い波動領域まで行き届いた時点で、最終的には、粗大な物質とそれに近いエネルギー波動領域として知覚されるようになります。

その段階に至ると、自我を通した感覚の歪みによって、もはや原初の純粋な「言葉」として認識することは不可能で、自我意識の中に留まる限り、万物万象が二元性に依存した幻影の世界に留まることになります。

私たちのいる、神の波動の末端ともいえるこの物質世界、つまり二元性の世界の中では、光と闇、善と悪、プラスとマイナス、愛と憎悪、安楽と苦悩、過去と未来、昼と夜、表と裏、心と物体などのようにあらゆる事象に両極が生じます。

二元性の世界の表現媒体は、実際は自我の歪みで形成された霊光の幻影です。

例えば、愛の最も低い表現が憎悪であり、光の不在が闇であり、生と死は魂の表現形態の移行です。

一見両極に見えて対立するものでも、幾多の分離意識体験を通して理解することによって、本質的には一つであることを理解するのが、この二元性の世界に入る目的です。

自然界の存在は、すべて大きな調和の中に存在します。その自然界の中で、人間だけがすべてにおいて自由に選択する意思を持っています。

人は、この二元性の世界において、光も闇も、創造も破壊も、幸福も不幸も、人生のあらゆる場面において自分の想念通りに選択することが出来ます。

その選択によって、人は魂が大きく進化できる機会を与えられているのです。

光を選択すれば二元性から離脱していき、闇を選択すれば二元性に強く留まることになります。

エネルギーの流れから見ると、低次の自我にとって、闇に流されるのは楽な流れであり、光へ向かうのは今までの流れを変容させる必要があるということになります。

鮭は、川の上流で生まれて、流れに乗って大海に入ります。そこは川よりも快適に暮らせる場所ですが、やがて時期がくると生まれた川の上流に遡上（そじょう）して還るという過酷な旅に出ます。それが鮭にとっての本性であり、使命だからです。人にも神との合一という、魂が生まれたところに還る本性が眠っています。

人の選択する二元性には神聖な意味があり、その背後には秩序だった宇宙の摂理が隠れています。

人はまず、その二元性の本質と目的を見極めて、自分の心の中に在る両極を見渡す必要があります。それによって、自分の状態をしっかりと俯瞰し、何を信じ、何を行いたいのかを明確にしていきます。

「まず初めに、自分を調べなさい。自分を学び、創造主に対する自分の関係を学びなさい。あなたが誰を信じ、何を信じているかを知りなさい」（エドガー・ケイシー 1786-1）

「初めに学ぶべきは、自分自身の心だ」（北米シャイアン族の言い伝え）

yotsyamānān avekṣeham ya etetra samāgatāḥ
dhārtarāṣṭrasya durbuddher yuddhe priyacikīrṣavaḥ 1.23

「ドリタラーシュトラの邪悪な息子（ドゥルヨーダナ）を喜ばせようとして、この戦場に集結した人々を、私は見極めたい。(23)」

ここではドゥルヨーダナのことを、ドリタラーシュトラ王の邪悪な息子と表現しています。

これは、邪悪な性質ドゥルヨーダナの背後には、ドリタラーシュトラ王の存在があることを示しています。今回の戦争は、ドリタラーシュトラ王が自分の欲望よりも、正義の道を貫いて行動していれば、起きることのなかったものです。つまり、人が悪しき行動をする背景には、欲望や利己主義といった背後に隠れた元凶があるのです。

さらに周囲には、ドゥルヨーダナを喜ばせようとする人々がいます。それは、悪しき心によって、その性質がさらに人の中に拡がってしまうことを意味しています。欲望や利己主義から始まる行動は、多岐にわたり拡がっていきます。

「ドリタラーシュトラの邪悪な息子（ドゥルヨーダナ）を喜ばせようとして、この戦場に集結した人々を見極めたい」とは、「無智に依存する誤った心の状態を、心の根源に照らし合わせて見極めたい」という意味になります。

無智に依存する誤った心の状態は、神の摂理から外れた意識に由来します。それは神の摂理に沿った本来の意識の働きを阻害するものです。それがここでは、戦場に至ったパーンダヴァ兄弟とカウラヴァ兄弟の確執状態として表現されています。

瞑想の積み重ねによって、神の摂理から外れた意識は次第に補正されていき、最終的には完全に消滅します。それにはまず、心の苦しみの原因となっている無智に依存する誤った心の状態を内観することが重要なのです。

密教の本尊瑜伽（ほんぞんゆが）と称される瞑想法の中では、穢れた煩悩の心を清浄な智慧の心に置き換えていく方法がありますが、ここではドゥルヨーダナ率いる軍隊をアルジュナ率いる軍隊で駆逐していく様子として表現されています。

瞑想は、心と意識を正しく繋げて統合していく役割があります。心の本性は空であるとはいえ、人が地上にいる間は現象としての心の中にいます。まずは、この二つを認識します。それによって道が開けるからです。

瞑想によって、現象としての心から空性の心へと向かっていきます。空性の心には誤りがないので、瞑想の積み重ねによって無智に依存する誤った心の状態がゆっくりと補正されていき、最終的には消滅します。

evam ukto hṛṣīkeśo guḍākeśena bhārata
senayor ubhayor madhye sthāpayitvā rathottamam 1.24

bhīṣmadroṇapramukhataḥ sarveṣāṃ ca mahīkṣitām
uvāca pārtha paśyaitān samavetān kurūn iti 1.25

サンジャヤ
「バラタ王の子孫（ドリタラーシュトラ王）よ、アルジュナにこう言われて、クリシュナは、両軍の中間に、ビーシュマとドローナとすべての王達の面前に、最強最高の戦車を止めて言った。「プリター

の子（アルジュナ）よ、集結したクル族の人々を見よ」と。
(24、25)」

サンジャヤは、盲目のドリタラーシュトラ王に向かって、「バラタ王の子孫」と呼びました。

バラタ王の子孫とは、バラタ族のサンスクリット語です。バラタ族とは、古代インドにおいてガンジス川上流域を制覇し、インドの歴史にとても大きな影響を与えた部族です。後期ヴェーダ時代には、バラタ族は、クル族としてガンジス川流域から大きく勢力を拡大していき、バラタ族が全インドを征服したと称されました。

全インドが「バラタ族の地」となったため、インドは「バーラタ」と呼ばれるようになりました。これは、現代にも引き継がれており、インドの正式名称として「バーラタ」が使われています。

今回の大きな戦争のように、バラタ族の中での戦争によって国力が衰退し、バーラタは時代と共に分裂して勢力を失っていきました。

ここでサンジャヤがドリタラーシュトラ王のことを「バラタ王の子孫」と呼んだ意味は、今まさに戦おうとしている味方も敵も、どちらも同じバラタ族出身であることを、盲目の王に再度知らしめるためです。

クリシュナはそれらを統括できる「宇宙意識」という暗喩になっています。

つまり元々は一つとして地上に下りた魂が、二元性の中において今や二つに分裂していることを、無智の中にいる低次の自己に知らしめている状態と言えます。

今回アルジュナは、このクリシュナという宇宙意識の力によって、自分自身の内側を俯瞰することが出来るようになりました。それにより二つに分かれた低次の自己を俯瞰することになるのです。

さらに、この24節の中ではアルジュナは、「グダーケーシャ（眠りを征服した者）」と呼ばれています。

「グダーケーシャ（眠りを征服した者）」と呼ばれる由来の話があります。

ある日の夜、アルジュナが食事をしていた時に、灯の火が風で吹き消されて真っ暗闇になったことがありました。アルジュナは、暗闇の中でも問題なく食事ができることを自覚しました。そして、「これなら目が使えない暗闇でも弓が使える」と感じ、真っ暗闇の中で弓の修練を行います。そして最終的にアルジュナは、視覚に一切頼らずに弓で的確に的を射ることが出来るようになりました。これに感心したドローナ師は、アルジュナのことをグダーケーシャと呼んだのです。

霊的解釈では、「グダーケーシャ（眠りを征服した者)」には二つの意味があります。

一つは、眠りの時間を長い瞑想に当てられる人。

もう一つは、マーヤ（幻想）の眠りから目覚めた者、無智から目覚めた者を意味します。

ここでクリシュナは、「眠りを征服した者」と、すでに現在・過去・未来の時空を超えた表現をとっていることの意味を内観して下さい。

地上に来た人々は、自我と欲望によって真我を忘れています。この状態で生きていることを「眠り」や「無智」に喩えています。「眠りから目覚める」とは、低次の自己の思考や欲望から完全に開放された状態です。

さらにクリシュナのことは「フリシーケーシャ（すべての感覚を征服した者)」と呼んでいます。これは無智から目覚めて、感覚器官を支配すれば、自分の心を支配できることを意味しています。

日光東照宮の神馬(しんめ)をつなぐ神厩舎(しんきゅうしゃ)に「見ざる・言わざる・聞かざる」の三猿の有名な彫刻があります。その八枚の図は、猿の一生という絵巻の形式を通して、人が地球に生まれてからの霊的発達の経過を示唆する図になっています。

ここに登場する三猿が目を隠し、口を隠し、耳を塞いでいるのは、現象界に埋没し自我意識に阻まれて実在の世界が見えない、正しいことが言えない、聞こえない、つまり「眠った状態である」ことを示しています。

またこの図には同時に、「悪い物を見ない、言わない、聞かない」という霊的進化への第一歩も示されています。これと同様の暗喩的表現は世界各地に見られます。

私たちは、物質世界のエネルギーの浪費には関心があるのに、精神的・霊的エネルギーの浪費にはあまりに無頓着です。「悪いものを見る・言う・聞く」は、貴重な精神的・霊的エネルギーと時間の浪費でしかありません。

ヨハネによる福音書３章３節には次のような記述があります。

「イエスは答えて言われた。「まことに、まことに、あなたに告げます。人は、新しく生まれなければ、神の国を見ることはできません」。

「新しく生まれる」とは、眠りから目覚めることと同じ意味です。

実は、この数節は、最初の大切な部分になります。

アルジュナは、クリシュナを伴い、白馬に率いられた最強最高の戦車（馬車）に乗って両軍の中間に留まります。

「カタ・ウパニシャッド」の第3章では、人間の身体を馬車（戦車）に喩えて詳しく解説しています。馬車の本体が肉体であり、感覚器官が馬、手綱は心、馬車に乗る主人はアートマン、御者は知性となります。

ここではアルジュナの戦車（ratham）を、最強最高の戦車（ratha-uttamam）と最上級の誉め言葉を使っています。サンスクリット語のこの「uttamam」は、強さ、壮麗さ、安定感などさまざまな霊的資質を称える言葉でもあります。アルジュナは、この決戦に臨むまでに多くの困難を通して、霊的な資質を磨いてきました。

私たちも霊的進化を望むのであれば、白馬に率いられた最強最高の戦車を使わなければなりません。つまり自分自身の肉体も精神性も霊性も、日々の純粋な行いの積み重ねを通して磨いていかなくてはならないということです。

それは一朝一夕に出来ることではありません。アルジュナは、ここまでくるまでに数多くの試練を克服してきています。

自分の戦車を、最強最高の戦車に仕上げていますか？

馬車に乗る主人は眠っていて、御者はお酒を飲んだりスマホに夢中になっていて、手綱は緩んだまま、馬は痩せすぎたり太らせすぎて落ち着きがなく、馬車本体も整備不良……という人も多いのではないでしょうか。

この数節が何を意味するのかを知らなければ、この先の深い理解へと進むことは出来ません。

この先は特に、通常の解釈、心のレベルの解釈に加えて、霊的解釈が重要になっていきます。霊的解釈は､瞑想と日々の実践を通しながら行うものであり、ここではヒントとなる程度に触れていきます。

この節の描写は、霊的解釈では、アルジュナが両軍の喧騒から離れて、眉間の少し上にある第三の眼に意識を集中して瞑想状態に入り、自分の心の内観を始めたことを意味しています。これは瞑想の第二段階になります。

第三の眼に意識を集中して観える神の光を、クリシュナの存在が象徴しています。

聖書では、キリスト意識の中枢とも言われる第三の眼について次のように述べています。

「目は体の明かりである。だから、あなたの眼が澄んで

いれば、全身も明るいだろう」(マタイによる福音書6:22)

さらに、アルジュナに象徴される「すべての感覚を制御するために戦う」時、クリシュナ（真我）が導きの力になるということも象徴しています。

「プリターの子（アルジュナ）よ、集結したクル族の人々を見よ」。

これが「バガヴァッド・ギーター」で、クリシュナが語る最初の言葉になります。両極の中庸に留まったアルジュナに、よく見るようにと念を押しています。

この戦いでアルジュナの軍隊は、東側を向いて朝日に輝いていたと「マハーバーラタ」に記述されています。これは瞑想の時の正しい方角になります。

ここからアルジュナは、自分の内観を始めていきます。

クリシュナは、アルジュナのことを「プリターの子」と呼びます。「プリター」とは、アルジュナの母、クンティの本名を指します。クリシュナは、アルジュナに母の愛、つまり無償の愛を持って、自分の世界をよく内観するようにとアドバイスしています。

それはどういうことでしょうか。アルジュナは、ドゥルヨーダナから毒殺されそうになったり、城を放火されて焼死寸前になったりました。それからも国土を奪われるなど、数々の酷い仕打ちを受けてきました。

その相手を戦闘前の闘志みなぎる状態で見れば、怒りや憎しみの気持ちが湧いてくるかもしれません。でもそれは、神の道から自分自身を遠ざけてしまう結果となります。そのためクリシュナはアルジュナに、あえて大きな愛を持つ母のことを言及したのです。

人は、人生の中で何かを愛さずにはいられません。そして、愛する気持ちを持って行動することで、人は成長していきます。クリシュナの最初に語る言葉に、その気持ちが隠されています。

人の魂の性質は波動が高いので、高い波動に包まれると心地よく感じます。無償の愛の波動は高いものです。

思いも言葉も行動も、意識して波動の高いものにしていくことが、自分自身と世界を真から幸福にしていく最も良い方法です。

tatrāpaśyat sthitān pārthaḥ pitṝn atha pitāmahān

ācāryān mātulān bhrātṛn putrān pautrān sakhīṃs

tathā 1.26

「プリターの子（アルジュナ）は立ち上って両軍を見渡し、父達、祖父達、師匠達、叔父達、兄弟達、従兄弟達、息子達、孫達、義父達、友人達の姿を認めた。(26)」

アルジュナは、ここで両軍の中間に入って見渡します。ここでもアルジュナは、「プリターの子」と呼ばれています。これは、アルジュナがクリシュナの助言にしたがって、怒りや憎しみではなく、無償の愛を意識しながら、両軍を見たことを意味します。

これから殺し合う戦場の両軍の中には、血のつながった人々や親しい友人達、師匠達、息子達、友人達など、どちらの軍隊の中にも自分と親しい関係の人々が大勢いたのでした。

この段階でアルジュナは、自分の心の中の「今」の善と悪、高次と低次、対立するものの間に立って、冷静に内観することができたことを意味しています。

瞑想が第二段階に入ると、自分の心の中の善い面と悪い面があぶりだされてきます。それらはどちらも慣れ親しんだものですが、相容れない性質のために、お互いに優位になろうとする性質があります。

人の心は、どこか偏りがちです。心の中の善と悪のどちらに傾いても、自分の立ち位置に囚われ、その立場を正当化します。だから戦争が起こります。人が中庸の地点に立つことは、なかなか難しいのです。

アルジュナは、今までの戦争では、自分の軍の立場を中心に考えて行動してきました。今回は、真ん中に立つことが出来た。それは、次の段階に進める準備が整ったことを意味します。

もちろんアルジュナは、自力で真ん中に立つことが出来たわけではありません。アルジュナの心が整い、魂が次の段階に進める準備ができたからこそ、クリシュナが真ん中へと連れて行ったのです。

アルジュナは、クリシュナから教えを受けることが出来ている時点で、すでに優れた精神力、高い知性を持ち、神の摂理に沿った清らかな振る舞いをしていました。

アルジュナが使う神弓ガンディーヴァは、最初はシヴァ神のものでした。その後、ジャーナカ王のものとなり、次にアルジュナの元へ授けられました。それを扱えるだけの高い霊性がすでに出来ていたからです。

クリシュナは、アルジュナのすべての状態を見抜いて、アルジュナに真理を伝授することを決めました。

私たちは、清らかな水を口に入れれば、消化器官を通って、血流に入り、体の細胞の一つひとつにまでその清らかな水が浸透していくことを知っています。

それと同じように、クリシュナは、アルジュナに「ギーター」で真理を伝授することによって、清らかで無私の境地に至ったアルジュナを通して、その教えが全世界の隅々まで拡がっていくことを意図しました。アルジュナの魂が神との合一を果たすことによって、いずれ世界中の人々がアルジュナと同じように神との合一を果たしていくことを、クリシュナは願っているのです。

師は必要な時に現れます。

人が幾多の経験を通して内在する真我に気づいた時、無明の中にほのかな光が灯ります。その灯りは目覚めた存在に見逃されることはなく、それから偶然のように見える賢明な手段により、光明の世界へと誘われます。

師は最適な時期に現れます。それはクリシュナのような近しい人かもしれないし、犬かもしれないし、見ず知らずの人かもしれません。さまざまな方法で、私たちは見守られ、導かれていることを知っておくべきです。

そして、外側に現れる師の背後には、必ず自分自身に内在する師がいることを理解しておかなくてはなりません。それは病気の治療にも似ています。病気の治療で使われる薬や手術は外側の師のようなものであり、自分の病気を治癒させる自己治癒力は内在する師のようなものです。

「困難の下にあっても、主はあなたと共に歩んでいます、……あなたの行く道全てにおいて」（エドガー・ケイシー622-6）

「両軍の、父達、祖父達、師匠達、叔父達、兄弟達、従兄弟達、息子達、孫達、義父達、友人達の……」。

これらはすべて私たちの心の中の性質を象徴しています。両軍とは、自分の中の善い性質と悪い性質を意味しています。これから先の文節もすべて同様です。

祖父たちとは、霊的観点から見ると、自分の過去世から培ってきた自我のことです。自我は、過去世からの積み重ねで形成されてきたものです。特に直近三つの過去世の影響はより強く残っています。

本来は、祖父たち（過去世から培った特質）と祖母たち（過去世からの性格）によって培われた自我なのですが、ここでは舞台が戦場となっているため男性方にまとめています。

私たちは誰もが、善い自我と悪しき自我の両方を持っています。

善い自我が優性であれば、善い行いや瞑想へと向かわせ、悪しき自我が優性であれば、悪い行いや物質的欲望を強める方向へと向かわせます。「バガヴァッド・ギーター」では、それらの自我を、何世代にもわたって継承されてきたものという観点から「祖父たち」と表現しています。

父達は、プラーナ（生命エネルギー）とナディ（生命エネルギーの経路)。ここでは母達（ナディ）もまとめられています。

義父達は、プラーナ（生命エネルギー）を動かす知性と理性。ここでは義母達（プラーナを動かす理性）もまとめられています。

先に述べた通り、妻であるドラウパディーはクンダリーニの火であり、パーンダヴァ5人兄弟は、クンダリーニの火が通る霊的中枢です。アルジュナたち霊的中枢は、父（プラーナ）によって作られました。

また、義父（プラーナを上に引き上げる意志）によって、妻（クンダリーニの火）と霊的中枢（アルジュナたち）が出会ったことになります。実際に妻ドラウパディーの父（アルジュナの義父）は、ドラウパディーをアルジュナと会わせたかったことが記述されています。

叔父達は、地上世界でのマーヤ（幻想）と、分離感によって作り出すプライドなどの性質の象徴です。

兄弟達は、パーンダヴァ兄弟たちは識別して自己制御する能力、カウラヴァ兄弟たちは無智無明の象徴です。

息子達は、霊的資質の象徴であり、孫達は、感情や行動から生まれる良い欲求や悪しき欲求、神や悪魔を知覚する力を象徴しています。

友人達と同士達は、善い習慣と悪い習慣の象徴です。

師匠達は、それらの習慣を刺激する性質の象徴です。

「真のあなたには、母も父も無く、親類縁者も無く、妻も子も友もいない。好き嫌いもない。それなのに、何故あなたは苦悩に満ちているのだ？」（アヴァドゥータ・ギーター 1-63）

人の中では、瞑想を始めてしばらく経った頃から、これらの善い性質と悪い性質のどちらかが優勢になるまでの戦いが始まります。

アルジュナの悲哀は、この戦いにより「自分」だと思っていたものを止滅することによって、自分というアイデンティティを失うのが怖いのです。これは霊的には正しくない見解ですが、アルジュナはまだそのことを理解していない段階にあります。

アルジュナは、今まで慣れ親しんできたこれら善と悪をしっかりと見極めて、戦いによって善側の勝利に尽力しなければなりません。

霊性を高めていくために、まずは自分のエネルギーを正しい秩序の元にまとめて、無駄に消耗することを防ぐ必要があります。それによってエネルギーが神に向かって一つに集約されていくのです。

「無智の本質と超越的な智慧の本質を並行して学ぶことのできる者のみが、輪廻転生の輪を超越して、不死の至福の境地を味わうことが出来る」(イーシャ・ウパニシャッド)

śvaśurān suhṛdaś caiva senayor ubhayor api
tān samīkṣya sa kaunteyaḥ sarvān bandhūn avasthitān 1.27

「アルジュナは対峙する同族の軍隊を見渡して、深い悲しみに陥

り、悲痛の思いで言った。(27)」

人は、正しく自分の心の中を内観したときに多くの善行と悪行を見渡すことが出来ます。善の立場に立った視点から見ると、大きな罪悪感に包まれるかもしれません。無智無明で生きている時には、知らないうちに負のカルマも蓄積してしまいます。

日本の山行では、「懺悔」という行いがあります。

懺悔には、心の中に残っている過去の過ちを悔い改めるということだけではなく、未来における行為を浄化するという目的があります。懺悔することによって、未来では同じ過ちを犯すことはなくなります。つまり、懺悔の念が強ければ強いほど、未来において正しい道がはっきりしてくるのです。

自分の行いの間違った点を見渡して謝り、その後に自分の行いの優れた善い点を褒めます。自分のことを褒める、それから自分の身の回りの存在を褒める、この世界のものを褒める。あらゆるものを褒めることの繰り返しによって、全てがひとつという意識が無意識の部分に浸透していきます。他人との競争心や優越感といったものも消えていきます。褒めることによって、未来の行動がより善いものだけになっていくのです。

「同族の軍隊を見渡して、深い悲しみに陥り……」。シヴァ神と戦うなど勇猛果敢な戦士であるアルジュナが、親族たちを見て深い悲しみに陥ったことは、アルジュナの顕在意識の部分に在る、男性性と共に女性性の性質のバランスを意味しています。

誰もが気づいているように、男性であれ女性であれ、一人ひとりの魂には、繰り返す輪廻転生の中で体験してきた男性の記憶と女性の記憶が刻印されています。つまり、一人の人の中に男性の性質と女性の性質が存在しています。霊性を高めていく時には、この両性を大きな偏りなく融合していくことが重要になります。

日常生活のあらゆる場面においても男性性と女性性を融合していくことは、自己の調和的な活動だけでなく、人間関係の相互理解や調和にとても役立ち、それは霊性を高めていく上でとても役立ちます。

極端な例でいうと、社会的背景により戦地などで幼少のころから攻撃性闘争性を刷り込まれて育った男性であっても、過去生で培った自己の中の女性性が、男性性に偏執したり助長し過ぎることを補正することで、破壊的な一極性に偏ることを未然に防ぐといった形で、魂の進化から大きく外れないように働くといったことがあります。

私たちの生きる世界は、これまで男性性優位の時代が続いていました。男性性が優位だと、攻撃性や支配性も優位になり、人々の権力争いや自然界に対する征服欲も旺盛で、強いリーダーに従うような組織が主流となってきました。その結果が今の世界情勢に表れています。

男性性の攻撃性は、愛よりも知識を優先し、すべてのものを探求する、侵入するような行動でも示されます。槍もミサイルもロケットも男性性が的確に表れている発明品です。それが現代科学の頭脳を中心とした発展や戦争となって表れています。

そして今は、大小様々な宇宙周期の節目が重なる非常に特殊な時期にあたり、地球におけるエネルギーシフトの準備段階のために、二元性の融合が急速に進み始めています。

古代インドの聖賢たちによると、地球は現在霊的太陽に近づく軌道に入っており、その影響で二元性の両極が融合しやすい磁場が形成され、女性性が優位性を持ち始めて男性性と融和する時代に入ったと言われています。

これは単に肉体的な性別の男性女性のことを言っているわけではなく、主に人の内面におけるエネルギー的な女性性と男性性のことです。それに付随して、心に反映された外の世界に表現されているあらゆる分野に浸透する、女性性と男性性をも意味するのです。

たとえば、西洋は攻撃的積極的な男性性が優位であり、東洋は受容的で融和的な女性性が優位です。

性の両極が均等に融合するとしても、表側の現象が均等になるということではありません。男性性は常に外側への強い行動性を有し、それを視えない形で優しく内側への創造性や積極性へと変容させる力を持つのが女性性だからです。

霊性の進化には、強い男性性の推進力と探求心、それに愛を加えて光の方向へ向かわせる女性性のバランスが必要なのです。

男性性優位の時代には、外界に向けた科学的な探求や社会的な構造を発達させるために、権力や上下関係のある組織、強いリーダーが集団を率いるという構造を形成していました。これらはある意味、別の面から霊性を発達させるために必要なことでした。

でも、これから女性性が優位になると、もっと自己の内面に意識を持っていく大きな流れができるため、人々はリーダーに従うよりも、自分自身のハートに従うことを優先するようになっていきます。

そうすると、外界の富や権力への関心は薄れ、人との競争の必要がなくなり、上下関係も必要なくなっていきます。お互いが自由に個性を発揮して、足りないものは分かち合うという組織へと変化していきます。相互に依存する関係ではなく、自然界と同じような共存共栄的な関係が成り立つようになっていくのです。

これは外面的な変化ですが、内面的な変化も同様に起こっていきます。

「女たちのハートが大地にある限り、部族が征服されることはない。どれほど戦士が勇敢であっても、武器が強力であっても、女たちのハートが消えたら部族も消える」（北米シャイアン族の言い伝え）

kṛpayā parayāviṣṭo viṣīdann idamabravīt
dṛṣṭvemaṃ svajanaṃ kṛṣṇa yuyutsuṃ samupasthitam 1.28

sīdanti mama gātrāṇi mukhañ ca pariśuṣyati
vepathuś ca śarīre me romaharṣaś ca jāyate 1.29

「クリシュナよ、今、私は戦おうとしてここに集まった親族を見て、手足の力が抜け、口は渇き、(28)」
「体は震え、身の毛がよだつ。ガンディーヴァ弓は手から落ち、全身の肌が熱い。(29)」

「ガンディーヴァ弓は手から落ち……」。アルジュナは弓の天才であり、天界の武器であるガンディーヴァ弓を授けられています。その命ともいえる弓を手から落とすということは、相当の心の衝撃を意味しています。

この戦いの前に、聖者ヴィヤーサがパーンドゥ兄弟たちの前に現れて、「カウラヴァ兄弟たちとの戦いに勝つためには、アルジュナを神々の元へ送り、神々の武器と武術を学ばせることが良い」と助言しました。

アルジュナは、聖者の助言に従って、インドラキーラ（曼荼羅山）へと入ります。そしてその山で、インドラ神と会います。

インドラ神は、「アルジュナよ、お前がシヴァ神に認められるのであれば、私は天界の武器をお前に全て授けよう」と約束しました。

アルジュナはその後、さらに北に位置するヒマラヤ山脈の方へと向かいます。アルジュナは、途中の森の奥で、シヴァ神と出会うために修行を始めました。森の修行者たちはアルジュナの苦行の激しさを怖れて、シヴァ神に祈りを捧げました。その祈りを聴き届けたシヴァ神は、アルジュナのいる場所に狩人の姿に変身して現れます。

ちょうどアルジュナが狩人の姿をしたシヴァ神に出会ったとき、神族の一人が猪の姿となってアルジュナを襲ってきました。狩人に扮したシヴァ神とアルジュナは、同時に矢を放ち、その猪を射貫きました。

二人はどちらが先に仕留めたのかで口論となります。

狩人は怒って言いました。「このわしが猪をここまで追い詰めてきたのだ。おまえは狩人のルールを心得ていないのか、野蛮人め」。

アルジュナも言い返します。「この狩人は私のことを知らないのか、そうでなければこの私にそんなことを言えるはずがない。黙りなさい。そしてとっとと帰りなさい」。

アルジュナの迫力ある脅しに狩人はびくともしません。そしてこう言います。「おまえが誰であろうと、わしがそんなことで怯むと思うな。この森はわしのものだ」。

アルジュナはまた言います。「森は皆のものだ。私はシヴァ神の御心を願い、贖罪の行をするためにこの森に入ったのだ。そして猪に突かれないために、射止めたのだ」。

狩人は言います。「おまえが誰を崇拝しようが知ったことではない。自分の行ったことを反省して、詫びろ、詫びろ、詫びろ」。

これを聞いたアルジュナは、この狩人も猪と同様に射止めてしまおうと、狩人めがけて矢を放ちました。矢は狩人に命中したものの、硬い岩盤に当たったかのように曲がって跳ね返されてしまいました。アルジュナはさらに強力な矢を、狩人めがけて放ちました。

狩人は、その強力な矢を、草の葉を払い落とすかのように片手で払い落としました。アルジュナは、次々と矢を取り出して射止めようとしますが、狩人には全く効果がありません。そこで強力な弓で渾身の力を込めて狩人を叩きますが、弓が粉々になってしまっただけでした。弓を失ったアルジュナは、素手で戦いを挑みます。

狩人とアルジュナの取っ組み合いは、まるで山と山がぶつかり合うかのごとくで、その轟音に山が激しく揺れ動きました。アルジュナは疲れ果てていく一方で、狩人は何事もなかったかのように普通にしています。

アルジュナは、その様子を見て激しく動揺し、「おお、クリシュナ、これはあなたが演出したお芝居なのでしょうか。私の傲慢さをくじくためではないでしょうか。この狩人はあなたに違いありません」とつぶやきます。

そこでアルジュナは、その狩人がシヴァ神であることに気が付き、許しを乞い願いました。その傍らには、シヴァ神の妻ゴウリもいました。アルジュナは歓喜して、お二人の足元にひれ伏します。ここでアルジュナは「謙虚でいること」を再び学びなおしたのです。

シヴァ神は、アルジュナを許して抱き起すと、恩寵の印としてパーシュパタ・アストラという武器を授けました。

インドラ神は、アルジュナがシヴァ神に認められたことを喜び、アルジュナを天界へと招きます。そして、そこでさまざまな天界の武器をアルジュナに授けて、その使用法を伝授しました。

それほど勇敢なアルジュナが、今回の戦いの前には、大きな衝撃を受けたのです。

身体の震えは神経系統に由来します。神経系はエネルギー体や意識と肉体を繋ぐ組織で、そこから内分泌組織をはじめ、さまざまな組織と器官に影響を与えます。

「不安と怖れは健康な肉体にとって最大の敵であり、体内で消化吸収されたものを、肉体にとって命を与える生命力に変えるよりも、排泄されなければならない毒素に変えてしまう」(エドガー・ケイシー 5497-1)

この身体的な描写は、外側の世界を中心にしていた意識が、大きく急激な変化によって内側に向けられるときに、肉体的なエネルギーの変化とそれに伴う肉体的変化を描写しています。内なる神聖に目覚めたときに起こる肉体的、感覚的な変化を見逃すことなく、よく感じ取り、内観してみてください。

アルジュナは、今回自分の心の中に在る善き性質と共に、多くの悪しき性質も改めて観ることにより、深い悲しみが襲ってきたのです。これは、善き性質側に自分の意識を置いたときに起こる良心の呵責(かしゃく)です。

罪悪感や怖れや不安の中では、細胞もエネルギーが停滞しがちになります。一方で喜びや明るい気持ちの中では、細胞のエネルギーの流れがスムーズにいく傾向があります。エネルギーの流れが良くなれば、細胞からもより多くの神聖なエネルギーが放たれます。それによって人の意識も拡がり、活き活きとした状態に変化します。

アルジュナは、怖れと不安から自分の肉体の細胞を硬く収縮させて、エネルギーの流れを停滞させました。

人の意識の状態によって、そして呼吸の状態によって、身体が反応することを理解し、内観しておくことはとても大切です。

「心の散動に随伴して起きるものに、苦悩、失意、身体の震え、乱れた呼吸がある」（ヨーガ・スートラ第1章31）

人は、霊性が進化していくに従って、より精妙な波動に対して繊細になっていきます。わずかに生じた不調和な波動であっても、すぐに気がつくことが出来るようになっていきます。

そのため、未熟な人が不調和の波動によって悪しきことを行うよりも、霊性が発達した人が不調和の波動を知りながら悪しき行動をとる方が、責任ははるかに重いものとなります。

でも、精妙な欲望にもすぐに気がつくことが出来るということは、小さな芽のうちに欲望を刈り取ることが出来るということになります。心に生じた不調和な波動も、発生したばかりの小さなうちに消すことが出来るようになります。

「バガヴァッド・ギーター」には、人が霊性進化の道を辿って神への合一を達成するために必要なことがすべて書かれています。

それと同じように、聖書の「ヨハネの黙示録」の真の意味も、人の霊性進化の道を歩む上で起こる、肉体的、精神的、霊的変容を、解剖生理学的な精密さで詳細に解説したものであるために、類似点がとても多い聖典と言えます。

「落胆を来たす禍事に対して打ち負けてはなりません。主が克服する強さを与えて下さいます。内なる神の腕を信頼し、復讐心や失意に居場所を与えてはなりません。偏見をつくり出す事柄にはけ口を与えてはなりません。そして、最も大事なことは、無私の心です。なぜなら、利己主義は罪だからです。それは自分を優先し、他人も神をも後に置くことになります」(エドガー・ケイシー 254-87)

gāṇḍīvaṃ straṃsate hastāt tvak caiva paridahyate
na ca śaknomy avasthātuṃ bhramatīva ca me manaḥ 1.30

nimittāni ca paśyāmi viparītāni keśava
na ca śreyonupaśyāmi hatvā svajanam āhave 1.31

「私は立っていられない。クリシュナよ、心が乱れ、不吉な予感

がする。(30)」

「戦闘で親族を殺せば、良いことはないだろう。クリシュナよ、私は勝利も王国も、快楽をも望んでいない。(31)」

アルジュナは、いままで様々な戦争を経験してきた勇者です。いつでも勇敢に敵に立ち向かい、撃破してきました。でも、これまで一度も悲哀や苦しみなど感じたことはありませんでした。

それなのに、今度の戦争は違いました。両軍を見たときに、自分がよく知っている親族や師、友人達がいたのです。彼らと戦うなどということは想定していなかったのです。

その精神的ショックはいかほどのものだったことでしょう。まさか自分が、親しい人達と戦わなければならないなんて。

そしてアルジュナは、戦意を消失してしまいます。

これは、瞑想を始めた人の、「自分のアイデンティティがどうなってしまうのか」という不安をも意味しています。

「良いことはない」というサンスクリット語「sreyah」は、「良い」という意味だけではありません。「心の安らぎ」という意味の他に、「成就」という意味もあることから、「神との合一の達成」という意味も含まれています。

アルジュナは、正義の心、理性と知性によってこの戦いに臨みました。それは、自分や自分の家族のことだけでなく、この地に住むすべての人々の幸福を願ってのことでした。

クリシュナの愛をもって見るようにとの助言から、アルジュナは愛の力を情の力に変えてすべてを見てみたのです。それによってアルジュナは、理性と知性の心と情の心の間に嵌(はま)り、動けなくなってしまったのです。

この戦争は、「自分のもの」「自分だけいい思いをしたい」という欲望や「嫉妬」「怒り」などの悪しき感情に憑りつかれたドリタラーシュトラ王とその息子たちと、霊性高く、神を信頼して生きるアルジュナたちとの戦いです。

人の心の中にある悪い心と、良い心の葛藤と戦いを象徴しています。低次の自己と高次の自己との戦いです。

敵の中に知り合いがいるということは、自分の中にある分離した部分の象徴です。

自分自身を二つに分けてしまう。人は、自分の中で、多くの分断を作ってしまいます。例えば、自分の心の明るい部分と暗い部分を分けて、明るい部分は良いが、暗い部分は奥深くに隠してしまうといったふうに。

でも植物でさえ、一番肝心な根は暗い部分にあり、花や葉は明るい部分に広げていきます。そこには良い悪いなどなく、隠さなければならない部分もありません。根も葉も合わせて一つの植物として在るのですから。

地上では、すべてのものが二極に分離したかのようなマーヤ（幻想）に包まれています。でもそれらは、どちらかを排除するために存在しているのではありません。

長い間世俗から引き籠り、ネガティブな部分を否定して修行したとしても、世俗に戻ればまた排除したはずの部分が表に出てきます。感情を逆なでされない場所にずっといることで、感情を安定させられたとしても、もう大丈夫というものではないのです。

まずは、マーヤ（幻想）の世界の二極性の性質を理解することです。そして排除することなく、受け入れること。すると、別のところから精妙なエネルギーがやってくることに気が付くと思います。

心を空に喩えれば、さまざまな雲がさまざまな想念にあたります。雲は、浮かんでは消えていきます。それらが空一面を覆っている状態が、普通の人の状態になります。そこでは、雲に対して善悪の判定をする必要はありません。ただ注意深く観察するのです。そうすることで心の中に在る空間を把握する感覚が洗練されていきます。

一歩離れたところから俯瞰しているうちに、雲の切れ間から太陽の光が射し込み、青空が見えてくるはずです。その時、本当の空だと思っていた雲が空ではなく、広大な青空が本当の空であることを自覚するのです。

自分の心の中で、何かを拒絶することによって、苦悩が生まれます。聖典「ウパニシャッド」の中にも、人の苦悩の原因は二元性から生じることが記されています。

まず自分の心に向き合い、一つにまとめなければなりません。一つにまとめるとは、自分のすべてをあるがままに受け入れるということ。

自分のすべてをあるがままに受け入れることができたとき、人は変容していくのです。

人の心の分離は、地上特有の「分離」という性質から起こっているものといえます。

地上ではどんなものでも分析し、分断し、理解する傾向があります。さらに両極という二元性も存在します。

二元性の世界においては、極性の力によって分離意識が強まるために、魂の修行には良い場となってきました。しかしながらその反面、独特かつ強力な磁場が障壁となり、そこから抜け出し、本来の意識状態に戻っていくことは容易ではありません。

この分離意識による混乱状態が、「バガヴァッド・ギーター」では戦場として表現されています。分離意識のある世界では、争いが絶えることはありません。「自分のもの」「敵のもの」といった無智に起因する意識が常にあるからです。

繰り返しになりますが、ドリタラーシュトラ王の盲目は、霊的盲目を意味しています。王妃は自分で自分の眼を覆い隠していますが、こちらも盲目の王に従って霊的盲目状態を自ら望んでいることになります。

「心の中に霊的な価値を培うまでは、混乱を避けることはできません」(エドガー・ケイシー 955-1)

「地上にいる人の最大の問題点は、大霊よりも物質的な富を崇拝の対象としている者が多すぎることです。欲が深くなれば、霊性はしぼんでしまいます」(シルバー・バーチ)

アルジュナは、敵側に自分の親族がいるのを見て、激しく動揺しました。

親族とはなんでしょう？

友人とは何でしょう？

敵とはなんでしょう？

他人とは？

自分とは？

魂とはなんでしょうか？

人は、今回の生だけを生きているわけではありません。

長い輪廻転生を繰り返す中で、自分に関わる一つの魂が、母親になったり、友人になったり、師になったり、子供になったり、敵になったり……。お互いに何度も何度も学び合ってきたのです。人は大きな視野に立つと、今までの常識が覆され、大きな岐路に立たされます。

この戦争は、無智を払うための戦い、自我で作られた幻想の世界から脱却するための戦いです。

この戦いは、とても大きな勇気と知性を必要とするものであり、勇者アルジェナでさえも、打ちひしがれて為すすべがなくなったように感じてしまうほどです。

そしてアルジュナは戦意を喪失します。

何事も関わらないで逃げていれば、楽なのです。でもそれでいいのでしょうか？アルジュナは、ここで本当の勇気が試されます。

今回の戦争において、アルジュナはとても大きな壁に直面しました。

これは、霊性進化に目覚める時にはよくある高次の仕組みです。

人は、大災害や社会的動乱など、日常の生活から離れて激しい混乱状態の中に入った時、大きくものの見方が変わります。今までの社会的常識が覆され、世界観が変わり、世界の現状や真実に疑問を抱くようになります。

自殺を考えるほど追い込まれた人が、輪廻転生という概念を知って、激しい衝撃と共に世界観が変わってしまうということもあります。

心の衝撃があった時には、今まで観ることのなかった目に見えない世界や自分自身の内的世界への扉が開かれます。「苦しい時の神頼み」という言葉がありますが、普段は神のことなど微塵も考えない人でさえ、神を思う機会となるのです。

第1章が、アルジュナの世界観が大きく変わる衝撃的な出来事の展開から始まるのはこのためです。

これまで経験してきた幾多の戦いでは何の疑問にも思わなかったことが、戦意を喪失させるほどの大きな壁として、激しい心の衝撃と共にアルジュナに突き付けられたのです。また、冒頭から大きな難題を芸術的な描写によって突きつけることで、読み手の心の中に小さな核を与え、内的世界への扉を開く準備をさせているのです。

雲の中で雪や雨が作られる時は、核となる極小の何かが必要になります。核があると、雲の中の水蒸気は核の周りに集まり、大きくなっていき、やがて雨や雪や雹となり、地上に降り注ぎます。

同じように人の思いも、とても小さなものであっても何か核となるもの、心に刺激を与えるものがあれば、そこから歩き始めることが容易になります。

霊性進化の門を開くには、きっかけとなるものが必要です。

でも、そのきっかけが具体的かつ現実的すぎる場合には、読み手の受け取り方が限定されてしまいます。

それがアルジュナの置かれた衝撃的立場であれば、印象的であり、芸術的であり、しかも読み手の受け取り方も制限されないのです。

この書は、読むだけの目的では書かれていません。読み手の心の中で、この聖典の内容が小さな核となり、その内容を実践することによって学び、瞑想と内観によって学びを磨き、それによって霊性進化の扉が開かれ、霊的成長が促されることを意図しています。

そこが一般書とは根本的に違う部分になります。

瞑想や善行をはじめ、霊性進化の道を歩む人には、とても強い意志が必要になります。

聖書では、次のように語られています。

「イエスは言われた、「よく聞いておくがよい。もしあなたがたが信じて疑わないならば、この山に向かって、動き出して海の中に入れと言っても、その通りになるであろう」。」（マタイによる福音書 21-21）

これは、霊性進化の道を歩むためには、不可能でも可能にすると言うほどの強い不断の意志が必要であることを示しています。

私たちは誰でも、他にやることがあるとか眠いとか、さまざまな言い訳をするからです。まずはその強い意志を、瞑想に使ってみることです。

「あなたを真の自由、解脱に導いてくれるのは、単に聖典の知識だけでなく、瞑想を通したあなたの努力です」（パラマハンサ・ヨガナンダ大師）

私たちが霊的進化の道を歩み始める時には、数多くの輪廻転生を通して、諸行無常を体験する必要があります。

悲しみや苦しみを体験したい人はいないでしょう。でも、生きていれば、楽しいこと嬉しいことばかりではなく、苦しいことや悲しいこともたくさん起こります。

でもいつかは、辛い状況に向き合わずに困難から逃げたり排除するのではなく、すべてを全面的に受け入れなければならない時がやってきます。受け入れる勇気が出来た時に、それは神聖な体験となるのです。

悲しみや苦しみを伴う困難は、瞑想や至福の時とは違うルートで、人を意識のとても深い領域へと連れて行ってくれるからです。その深く神聖な体験によって、人は変容できるのです。

そして悲しみを受け入れるという神聖な体験の後で、人はより強く、より優しくなります。

輪廻転生に慣れてしまい、神と真剣に向き合うことを忘れてしまった人間には、魂が激しく震えるような衝撃や体験によって、自分の地上に来た目的を明確にすることが今後さらに増えていくでしょう。

アルジュナの場合には、戦いの場においての衝撃的な出来事によって、神との合一という目的を明確にしてその道を歩んでいくことになります。アルジュナが体験した困難と克服していく様子を知っていれば、読み手である自分自身に大きな衝撃的な出来事が起こった時にも、理性を失うことなく行動することが出来るでしょう。

「バガヴァッド・ギーター」がこのような衝撃的な話か

ら始まるのは、このような理由があるのです。

「あなたがたは衣服ではなく、心を裂け。そして、あなたがたの神、主に帰れ」(ヨエル書 2-13)

「人は、苦しみを通して理解する機会が訪れます。しかし、自我を満たすためだけの苦しみは裁かれます」(エドガー・ケイシー 204-1)

私たちは、ジムに通ったり、ジョギングしたりして身体を鍛えることが出来ます。身体は鍛えれば鍛えるほどに強くなっていきます。

では心はどうでしょうか。心を鍛えるには、二つの方法があります。

一つは、愛すること。愛すれば愛するほど、愛する力は強まります。

もう一つは、思考を止めること。人の心は、日常生活で過剰に使われています。心の動きがあちこちに散乱してまとまりがない状態が続いているので、内側の源泉からの修復能力を引き出していくことができません。瞑想によって、または心を一点に集中させることによって、心を強化していくことが可能です。

身体の鍛え方は誰もが知っているのに、心の鍛え方はなぜか誰もが無頓着です。心を静寂に保ち、養うことによって、自分に本来備わっていた精妙な感覚、精妙な能力も現れてくるはずです。

na kāṅkṣe vijayaṃ kṛṣṇa na ca rājyaṃ sukhāni ca
kiṃ no rājyena govinda kiṃ bhogair jīvitena vā 1.32

「王国も、快楽も、生命さえも、何になろうか、ゴヴィンダ（クリシュナ）よ。(32)」

アルジュナは、王国も快楽も生命でさえ、もしも利己的なものに従うとするならばそこに意味は無いとクリシュナに確認しています。アルジュナは、もはや利己的、世俗的、物質的な欲望からは離れていることを意味しています。アルジュナは、王国や権力がそれを統括する人の意識によって、大きく人々に影響を与えることも体験によって理解してきました。

ここではクリシュナは、「ゴヴィンダ」と呼ばれています。「ゴヴィンダ」は、感覚器官を支配した者という意味があります。感覚器官を支配した者にとって、感覚の対象となるもの、すなわち物質的なもの（王国）であれ、エネルギー的なもの（快楽）であれ、さらに根本的なもの（生命）であっても、利己的である限りは意味がないということを明確にしたい気持ちが表れています。

この後の数節は、アルジュナが考える戦闘の結果起こるであろうこと、霊的解釈では瞑想を始めた時に起こる心の葛藤、さまざまな不安、自我を滅していく時に起こるかもしれないさまざまな不安について言及されています。

第１章は瞑想を日々行いながら、繰り返し読み込んでいく部分になります。

yeṣām arthe kāṅkṣitaṃ no rājyaṃ bhogāḥ sukhāni ca
ta imevasthitā yuddhe prāṇāṃs tyaktvā dhanāni ca 1.33

ācāryāḥ pitaraḥ putrās tathaiva ca pitāmahāḥ
mātulāḥ śvaśurāḥ pautrāḥ śyālāḥ sambandhinas tathā 1.34

etān na hantum icchhāmi ghnatopi madhusūdana
api trailokyarājyasya hetoḥ kiṃ nu mahīkṛte 1.35

nihatya dhārtarāṣṭrān naḥ kā prītiḥ syājanārdana
pāpam evāśrayed asmān hatvaitān ātatāyinaḥ 1.36

tasmān nārhā vayaṃ hantuṃ dhārtarāṣṭrān
svabāndhavān
svajanaṃ hi kathaṃ hatvā sukhinaḥ syāma mādhava 1.37

「我等は彼等のために王国と快楽と幸福を求めてきたのに、その彼等は生命と財産を賭けて、この戦場に立っている。(33)」
「師匠達、父達、息子達、祖父達、叔父達、義父達、孫達、義兄弟達、その他の縁者達。(34)」
「私が彼等に殺されようとも、私は彼等を殺したくない。クリシュナよ、三界の王座を得るためにも彼等を殺したくないのに、地上の王座を得るために、殺すことができようか。(35)」
「クリシュナよ、ドリタラーシュトラの息子達を殺して、我等にどんな喜びがあるだろう。この無法者達を殺せば、罪は我等に降りかかる。(36)」
「だから、親族であるドリタラーシュトラの息子達を殺すべきではない。クリシュナよ、親族を殺して、どうして幸せでありえようか。(37)」

　ここからは、人間の本質的な困難の描写が始まります。それはアルジュナだけが直面している問題ではなく、すべての人がさまざまな形で通らなければならない困難を示しています。

この時の会話で「バガヴァッド・ギーター」に収録されていない部分は、のちに聖者ヴィヤーサによってアルジュナの孫パリクシット王に向けて語られています。

アルジュナは言います。「クリシュナよ、私はもう戦う気は失ってしまいました。このまま戦車をハスティナプラまで引き返してください」。

クリシュナはこう返答します。

「アルジュナよ。あなたは戦うのが怖くなったのか。そうだ、あなたをハスティナプラに連れ戻して、その代わりに妻のドラウパディーを戦場に連れてこよう。彼女なら怖れることなく立ち向かうことが出来る。さあ、引き返そう。あなたがこれほどまでに臆病者だとは知らなかった。あなたのような者のために、私が戦車の御者となったのは大きな見込み違いだった」。

アルジュナは言い返します。

「私は、シヴァ神とも戦い、パーシュパタ・アストラの武器を授けられたほどの実力を持っています。たかが人間同士の戦いにおびえるわけはありません。私は、私の血族同士で殺し合うことが悲しいのです。決して怖れているのではありません」。

アルジュナは、「私」「私の」を使った論理を展開しましたが、クリシュナは同意しませんでした。クリシュナは、アルジュナが自分の純粋な魂の声に耳を傾けるよう、そして素直に自然体のままで行動できるように挑発しています。

そしてクリシュナは、「妻のドラウパディーを戦場に連れてこよう。彼女なら怖れることなく立ち向かうことが出来る」と言って、アルジュナの心に残っているプライドを壊します。

本来のプライドとは、若い世代において、まだ本当の経験に裏打ちされた自信を持つ前の人が前に進むために必要な心の動機として、人間に備わっているものです。

このプライドが、経験ある人との体験によって壊された時、さらに前へと進んでいく推進力になります。

スペースシャトルに喩えてみると、スペースシャトルは地上を飛び立つ時に、大きな推進力を持つロケットにくっついて成層圏に飛び出し、成層圏からはロケットを完全に切り離して自力で宇宙を進んでいくシステムになっています。プライドとは、この地上から離れる推進力の役割を果たしています。子供のプライドは、子供が親から飛び出るための推進力の役割を果たすのです。

もしも、プライドが壊れるのを怖れるあまり、実社会に堂々出ていくことをしないでいると、プライドをいつまでも引きずることになり、弱い心で前に進めない状態になってしまいます。

プライドが一度壊された後でも、小さなプライドは残ります。プライドを正しく使えば、人生の岐路において前に進んでいく推進力として利用できるからです。

クリシュナは、このような意図を持って、アルジュナのプライドを壊しました。それはアルジュナを前に前進させるためです。

この部分の会話は、サンジャヤがドリタラーシュトラ王にあえて伝えなかったのか、もしくは聖者ヴィヤーサがあえて「バガヴァッド・ギーター」の記述から外したのか。また研究によると、現代の「バガヴァッド・ギーター」は、最も初期の頃のものよりも数節少なく、いくつかのバージョンがあることも示されています。

「親族を殺して、どうして幸せでありえようか」。

このアルジュナの優しさに、クリシュナが霊性進化への方法を授けるために選ばれた秘訣が隠されています。

勇敢さと人徳の高さで言えば、アルジュナよりも長男ユディシティラの方が優れていたとされています。アルジュナとの違いは、ユディシティラは賭け事を好むという点と、後先考えずに行動して、事後になってから後悔するという点です。

アルジュナが戦争直前になり、この戦いによる悲劇を充分に自分の中で消化したのに対して、ユディシティラは戦争の際には先のことを考えずに、戦争後になって多くの犠牲を悔やみ、嘆いています。イカサマ賭博の時も同様でした。これは霊性進化のために人徳の高さは必須ですが、それだけでは不十分であることを意味しています。

次男ビーマは、体力的に優れていましたが、知性とのバランスがとれていませんでした。このように5人の兄弟にそれぞれ個性を持たせ、どのような資質が霊性を高める上で必要とされるかが示されています。

この後は、今回の戦争を行った場合にどのようなことが起こるのか、アルジュナの苦悩が描かれています。

親族を殺すというのは、自分の中に在る慣れ親しんだ自我や性質、物質的世界に根ざした習慣を止滅することです。それによって自分がどうなってしまうのか、わからないことによる苦悩です。

アルジュナの苦悩という形をとって、人間が地上で自我をはびこらせることにより堕落していく姿、瞑想を始めてしばらく経った頃に直面する困難を描写しているのです。

これを聖書では次のように記しています。

「もし、あなたの片手が罪を犯させるなら、切り捨てなさい。両手がそろったままで地獄の消えない火の中に落ち込むよりは、片手になって命に入る方がよい」（マルコによる福音書9:43）

この片手とは自分の心の中にある悪しき性質、さまざまな欲望、ここではドゥルヨーダナ側の軍隊のことを示しています。

yadyapyete na paśyanti lobhopahatacetasaḥ
kulakṣayakṛtaṃ doṣaṃ mitradrohe ca pātakam 1.38

kathaṃ na jñeyam asmābhiḥ pāpād asmān nivartitum
kulakṣayakṛtaṃ doṣaṃ prapaśyadbhir janārdana 1.39

kulakṣaye praṇaśyanti kuladharmāḥ sanātanāḥ
dharme naṣṭe kulaṃ kṛtsnam adharmobhibhavaty uta 1.40

adharmābhibhavāt kṛṣṇa praduṣyanti kulastriyaḥ
strīṣu duṣṭāsu vārṣṇeya jāyate varṇasaṅkaraḥ 1.41

saṅkaro narakāyaiva kulaghnānāṃ kulasya ca

patanti pitaro hy eṣāṃ luptapiṇḍodakakriyāḥ 1.42

「貪欲で心の汚れた彼等が、親族を殺す罪と友人達と戦う罪を理解しなくても、(38)」
「王族滅亡の罪を知る我等が、この罪を避ける道をなぜ知ってはいけないのか。(39)」
「王族が滅亡すれば、由緒ある慣習（婚姻制度）が滅びる。家族の聖なる慣習が滅びれば、王族全体が不徳になる。(40)」
「不徳がはびこれば、王族の婦人達が堕落する。婦人達が堕落すれば、四姓制度が混乱する。(41)」
「四姓制度が混乱すれば、祭餅と神酒（水）の供養を受けられなくなった祖先達が地獄に落ちる。こうして、大勢の家族もその破壊者達も地獄に落ちる。(42)」

とても印象的な節です。

ここでキーワードとなるのは、四姓制度、祭餅、神酒の供養です。

「バガヴァッド・ギーター」に出てくる四姓制度とは、いわゆるインドの経済的階級を示すカースト制度ではありません。カルマとグナによる宇宙の摂理に沿った階級を示しています。さらには、人間の身体構造のエネルギー階級をも示しています。また、人の意識の階層構造も示しています。

カルマとは、善悪の行為から生ずる業によりさまざまな制限が生じること。

グナは、世界を構成する原理のこと。これらが組み合わさり、自分の地上での制約が決まります。つまり悪行を重ねれば、制限が強まり、善行を重ねれば自由度が増していきます。霊性の進化の度合いと解釈することもできます。

「マハーバーラタ」の中では、「実際には（階級には）区別はない。この世界でブラフマンは最初にバラモンを創ったが、平等に創られ、役割と働きの種類に応じて（便宜上）さまざまな階級に分けただけである」と記されています。

四姓制度には、バラモン、クシャトリヤ、ヴァイシャ、シュードラがあります。地球では、さまざまな精神階層の魂たちが、共通の肉体という地球の制服を纏って下りてきます。そのため、見た目は同じでも、魂の発達段階は大きく異なります。

通常は、人が無智であるか、知識や智慧をどのように身に着けて、どのように活用しているかによって四段階に分類しているのです。真我の存在すら知らない無智の中に生きる人と、真我をよく理解してその叡智を活用している人では、同じ行いを一緒にすることはお互いにとって非効率です。それぞれの人の魂の進化のために適した役割というものがあるのです。

バラモンは、人生の真の目的を理解している人です。質素な生活を心がけ、金銭や権力などの世俗の欲から離れ、清らかな心と優れた知性と理性を持って真理を探究し、命を尊重し、人々の幸福を願う気持ちで溢れています。

クシャトリヤは、名誉欲が強く権力志向がある。人を統治する能力に長けている。自分や周囲の人々、社会や国家に貢献したいという考え、時間や労力、お金などを自分の享楽のためではなく、必要とする人たちに役立てたいと考える人です。

ヴァイシャは、能力を世俗の欲を満たすために利用します。お金儲けなどの物質的な利益のために、人生を消費する傾向があります。経済活動や農耕などの作業に適性があります。

シュードラは、知的なレベルが低く、他人からの指示や命令で動くしかありません。基本的に、自分の享楽のことばかりを考えます。

これらの「階級の本質」を考慮しないで、社会的に誤用した状態が大きな弊害を生み出しています。例えば、政治家は、ヴァイシャよりもバラモンが適正になります。

ヴェーダでは、全宇宙は神の身体に喩えられています。その中で、頭部はバラモン、両腕はクシャトリヤ、ヴァイシャは両脚、シュードラは両足の役割を担っています。これらに優劣はなく、どれが欠けても身体は成り立ちません。

四姓制度は、一人の人の意識の中にも在ります。生まれてからの発達段階によって次のように階層が分けられます。

第一段階では、生まれてきた人生最初の段階です。

第二段階では、浄化された時、神を意識し始めた段階です。

第三段階では、ヴェーダの智慧を習得した段階です。

第四段階では、真我に到達した段階です。

祭餅と神酒の供養。これはアルジュナの顕在意識における解釈では、ご先祖様たちを敬う供養を示しています。

ヴェーダにも、今生きている者が亡くなったご先祖様に特定の儀式を執り行うことが望ましいとされています。このような儀式と思いは、他界したご先祖様たちがどこにいるとしても、安らぎと幸福感として伝わります。それと同時にご先祖様たちからは、儀式によって思いを届ける者たちに対して、祝福が授けられるとされています。

アルジュナは戦いの前に、その戦いによって将来の一族とその子孫がどのような運命を辿るのかを真剣に考え、さらにご先祖様への供養が断たれてしまうという、遠く未来と過去を見通して考えていることがわかります。

これは、直系のご先祖様と子孫を結ぶ祝福の経路となるのです。

今の世の中では、お金や自分の私利私欲のために、次の世代を犠牲にしてまで物事を強行する風潮があります。北米の先住民族が、七世代先のことまで考えて行動すると言うのと大違いです。

またアルジュナは、未来の世代に加えて、過去の世代にも心配りをしています。

日本もご先祖様を大切にする国です。御神事も大切にする国です。いまだに暦では、神々やご先祖様に感謝の気持ちを伝えるものが数多く残され、それが生活に密着しています。

その心配りは、人としてとても大切なものだと思います。行動する時には、未来の世代と過去の世代のことまで思いやりながら、考え、行動する。今、最も必要な心構えの一つです。

もう一つの霊的な解釈における、祭餅と神酒の供養の意味は、霊的向上への情熱と内側の世界へ向かう生命エネルギーの流れの象徴となります。ご祖先様たちとは、過去世から培ってきた自我などの心の中の性質を意味しています。

doṣair etaiḥ kulaghnānāṃ varṇasaṅkarakārakaiḥ
utsādyante jātidharmāḥ kuladharmāś ca śāśvatāḥ 1.43

utsannakuladharmāṇāṃ manuṣyāṇāṃ janārdana
narake niyataṃ vāso bhavatīty anuśuśruma 1.44

aho bata mahat pāpaṃ kartuṃ vyavasitā vayam
yad rājyasukhalobhena hantuṃ svajanam udyatāḥ 1.45

yadi mām apratīkāram aśastraṃ śastrapāṇayaḥ

dhārtarāṣṭrā raṇe hanyus tan me kṣemataraṃ bhavet 1.46

「同族殺害という蛮行により、四姓制度が混乱し、不朽の四姓制度も家族法も崩壊する。(43)」
「クリシュナよ、家族法が崩壊した人々の終の住処は地獄であると我等は聞いている。(44)」
「王国の喜びという欲に駆られて、我等は、あぁ、親族の殺害という大罪を犯そうとした。(45)」
「武器を持たずに無抵抗な私を、ドリタラーシュトラの息子達が武器を手にして殺害しても、それは私が望むところだ。(46)」

これはアルジュナの、命を懸ける優しさを表している記述です。古代インドの戦士には、武器を持たない無抵抗の人間を攻撃しないという道義があります。アルジュナは、武器を放棄して、それでもなお殺されるとしても、相手を殺すよりは良いとの考えを示します。

すべての存在に対する慈悲の心、優しさ、寛大さは霊性を高める者にとって必要な資質の一つです。人間ほど慈悲の力を強められる動物はいません。慈悲は、人を美しく、人生を輝いたものにします。

ただしこの「放棄」について、多くの人はアルジュナと同じような勘違いしてしまいます。

放棄というと、世俗を捨てて、人間関係を捨てて、社会的義務を捨てて、真理を探究することだと思ってしまいがちです。アルジュナも戦士としての責務を放棄して、ただ殺されようとしています。

でも「バガヴァッド・ギーター」が説く放棄とは、全く違います。正しい放棄とは、使命を遂行しながら行うものです。世俗的な欲望の放棄や執着の放棄など、物質世界特有の、霊性を高めるために障害となるものの放棄のことを言います。これについては次以降の章で詳述されます。

アルジュナは、大きな苦悩に直面しています。これは霊的探求をする人の苦悩を表しています。自分はこのままこの道を進んでいくことで自己実現を成功させることが出来るのだろうか、今行っている実践方法は正しいのだろうか、社会的な責務はどう果たせばいいのか、人間関係はどうしたらいいのか、この先自分はどうなるのだろうか……。

ここでアルジュナは、自分が殺されてもいいというくらい、自己を失うほどの覚悟が出来ています。

「武器を持たずに無抵抗な私を、ドリタラーシュトラの息子達が武器を手にして殺害しても、それは私が望むところだ」。

このアルジュナの言葉は、釈迦大師とある弟子の会話を思い起こさせます。

ある時、釈迦大師の元に一人の高弟がやってきます。

「師よ、私はここを出て、あなたの教えを広めたいのです。許しを請いに来ました」。

「どこへ行くつもりなのか？」

「人の心がすさんでいるあの地方へ行こうと思います」。

「あそこは危険すぎる。お前が説法に行っても、罵倒されて、暴力を受けて、最後には殺されるかもしれない。そうなったらお前はどうするつもりなのだ？」

「私は、それも自分への試練だと思っています。自分を殺す相手に対しても心から感謝の気持ちを持ち続けることができるのか。深い感謝が自分と相手を浄化して救うことになるはずです」。

「よろしい。行きなさい」と師は許可を出しました。

自分を殺そうとする相手に対してさえ、感謝の気持ちを持ってその行為を受け入れるということは、自我を持った私たちにとって最も乗り越えることが困難な壁であり、人として最大の試練でしょう。

この節のアルジュナの言葉は、アルジュナの魂が真理を受け取る準備が出来たことを示しています。

ただし、ここは前述のアルジュナが苦悩しているように、誤解しやすい課題がいくつか見られます。それらはこの後のクリシュナの教えによって明確化されていきます。

無智から叡智へと向かい始める時、私たちには多くの誤解が生じやすくなります。誤解を理解に変えていくために、物質的に凝り固まった考えや偏見、先入観、執着、五感を使った誘惑と快楽、無智から生じるさまざまな悪しき行いや習慣、落ち着かない感情などから離れていく必要があります。

悪い習慣を善い習慣に変え、自我の欲からくる行いを自然の摂理に沿った行いに変えていき、瞑想によって心を落ち着かせ、真に良いものだけのために五感を使い、毎瞬生まれ変わっていく覚悟が必要です。

「あなたは、自分は富んでいる、豊かになった、なんの不自由もないと言っているが、実は、あなた自身がみじめな者、あわれむべき者、貧しい者、目の見えない者、裸な者であることに気がついていない」（ヨハネの黙示録3:17）

evam uktvārjunaḥ saṅkhye rathopastha upāviśat

visṛjya saśaraṃ cāpaṃ śokasaṃvignamānasaḥ 1.47

サンジャヤは語った。

「こう言うと、戦場で悲しみに打ちひしがれたアルジュナは、弓と矢を投げ捨てて、戦車の座席に坐りこんだ。(47)」

アルジュナは、自分の思いをすべて言うと、一度心を白紙の状態に戻して、深く考えようとします。

アルジュナが悲しみに打ちひしがれたのは、人々にこれから起こるであろう不幸に心を痛めたからです。自分の使命を果たすべき時に、情の力によってそれを遂行することが出来ないのです。

戦争には、二種類あります。外側の戦争と内側の戦争です。一般的に知られているのは、世界各地で起き続けている外側の戦争です。外側の戦争では、十分な資金を使い武器を装備し、人を厳しく訓練し、戦いに臨みます。

でもそれよりもはるかに困難な戦いとなるのが、内側の戦争です。慣れ親しんだ対象が、実は本当の強い敵となるのです。だから、内なる戦いは、外側の戦争よりも、困難になります。その分、より高度な戦略とより強固な意志が必要になるのです。

でも、内側の戦争に、きちんと準備をして、戦略を立てて臨む人はほとんどいません。物質世界に執着するうちは、何が本当の敵かもわからないままなのです。

自分の内側に潜伏する真の強敵には、貪欲、怒り、執着、傲慢、憎しみ、嫉妬などがあります。さらに戦いの足を引っ張り、意志をくじいて戦闘不能にさせるものには、恐怖心や悲哀があります。これらを克服しなければなりません。

「今」に生きるということは、常に新しいことに挑戦しているということです。でも、思考はいつでも過去の経験や知識に基づいたものであり、いつでも古いものになってしまいます。

今、前向きに生きるために、後ろを向いている思考を使って生きていれば、そこには葛藤が生じます。新しい「今」を生きるためには、思考を入れない状態で、道を見出すことが必要です。

太陽の光を受け入れるために、空から分厚い雲を消すように、自分の意識に神の光を受け入れるためには、分厚い雲という思考が無い状態が必要です。アルジュナが弓と矢を投げ捨てたことは、一度自分の固定された思考を外すための行為です。

思考が完全に外れた時に、人は神を受け入れて、生まれ変わります。

今のアルジュナに必要なことは、ざわついた思考を静寂に鎮めて、自分の内側から流れてくる神聖で繊細な神の音楽に耳を傾けることです。神聖で繊細な神の音楽とは、ここではクリシュナの御言葉になります。

「孤独な時ほど、グレートスピリットはあなたのより近くに感じる」（北米先住民の言葉）

「あなたがたが会う試練で、世の常でないものはない。神は真実であり、あなたがたが耐えられないような試練に会わせることはないばかりか、試練と同時に、それに耐え、逃れる道も備えて下さっている」（コリント人への第一の手紙 10:13）

「あなたがどのような状態に置かれていようとも、それは神の恵みによるものである。そして、神の普遍的法則に照らすなら、そこに魂の成長の機会があり、そこに学ぶべき教訓がある」（エドガー・ケイシー 3161-1）

「人は、厳しく磨かれ、清められ、純化されなければなりません。絶頂も過酷な試練も体験しなければなりません。

そうした体験によって霊性が強化され、高まり、霊界でよりよい生活への準備が整うのです」（シルバー・バーチ）

「すべての経験と状況は有用な経験であり、躓きの石か踏み石のいずれかに変えられる」（エドガー・ケイシー1424-2）

禅には「大地黄金」という言葉があります。

自分が置かれている状況で全力を出し切ることで、自分の場が黄金に輝くという意味です。自分のいる場を黄金の大地にするかどうかは、自分の意志次第ということになります。

ここから先、アルジュナとクリシュナを中心とした話が展開していきます。

クリシュナは、長い年月をアルジュナの義理の兄として共にいました。この間、クリシュナは師ではありませんでした。

アルジュナの意識の準備が満ちたときにはじめて、クリシュナは師となったのです。これは、瞑想によって、アルジュナの真我への探求が始まったことを意味しています。

この第1章のタイトルが「ヨーガ」となっているのは、

霊的な解釈ではアルジュナがヨーガの土台として瞑想状態に入った状態を詳細に説明しているからです。瞑想状態に入って、はじめて真我の声が聞こえてくるのです。

そして次第にアルジュナは、クリシュナの認識を、師から大師、神の化身へと変えていきます。これも、自分が最初は肉体だけだと思っていた認識が、徐々にエネルギー体へと拡がり、最終的に真我を認識した状態となることと重ねて表現されています。

これからアルジュナは、霊的に無智な勇敢な戦士から霊的な発達を遂げていきます。

この章では、霊的進化への道が開かれていく様子が美しく描写されています。次の章からは、クリシュナ（神、真我）の美しい音楽が聴こえてくるのです。

— 第2章につづく —

参考文献

「The Bhagavad Gita God Talks With Arjuna」
　Paramahansa Yogananda 著 Self-Realization Fellowshp 刊
「神の詩」（サティヤ・サイババ著／中央アート出版刊）
「バガヴァッド・ギーター」（熊澤教眞訳／きれい・ねっと刊）
「バガヴァタ・バヒニ」
　（サティヤ・サイババ著／サティヤ・サイ・オーガニゼーションジャパン刊）
「ヨーガ・ヴァーシシュタ」
　（スワミ・ヴェンカテーシャナンダ著／ナチュラルスピリット刊）
「ヴェーダの補助学　音声学」（ムニンドラ・パンダ著／アートインターナショナル刊）
「インテグラル・ヨーガ」（スワミ・サッチダーナンダ著／めるくまーる刊）
「バガヴァッド・ギーターの世界―ヒンドゥー教の救済」
　（上村勝彦著／ちくま学芸文庫刊）
「科学で解くバガヴァッド・ギーター」
　（スワミ・ヴィラジェシュワラ著／木村慧心訳・たま出版刊）
「バガヴァッド・ギーター あるがままの詩」
　（A・C・バクティヴェーダンタ・スワミ・プラブパーダ著）
「バガヴァッド・ギーター」
　（バクティヴェーダンタ・スワミ・プラブパーダ著／バクティヴェーダンタ出版刊）
「バガヴァッド・ギーター詳解」（藤田晃著／東方出版刊）
「ダットレーヤによるアヴァドゥータ・ギーター」
　（日本ヴェーダーンタ協会）
「ギーターとブラフマン」（真下尊吉著／東方出版刊）

「聖なる科学―真理の科学的解説」
（スワミ・スリ・ユクテスワ著 /Self-Realization Fellowshp 刊）
「インド神話物語 マハーバーラタ（上下）」
（デーヴァダッタ・パトナーヤク著 / 原書房刊）
「あるヨギの自叙伝」
（パラマハンサ・ヨガナンダ著 /Self-Realization Fellowshp 刊）
「知恵の宝庫」（林陽著 / 中央アート出版刊）
「インドの聖典」
（ムニンドラ・パンダ著 /（有） アートインターナショナル社刊）
「ネイティブアメリカン幸せを呼ぶ魔法の言葉」
（ケント・ナーバーン著 / 日本文芸社刊）
「ディヤーナ　ヴァーヒニー」
（サティヤ・サイババ著 / サティヤサイ出版協会刊）
「君が代から神が代へ」上下巻（森井啓二著 / きれい・ねっと刊）
「宇宙深奥からの秘密の周波数「君が代」」（森井啓二著 / ヒカルランド刊）
「光の魂たち 動物編 人の霊性進化を助ける動物たち」
（森井啓二著 / きれい・ねっと刊）
「光の魂たち 植物編 人の霊性進化を見守る植物たち」
（森井啓二著 / きれい・ねっと刊）
「臨床家のためのホメオパシーノート 基礎編」
（森井啓二著 / ナナ・コーポレート・コミュニケーション出版刊）
「エドガー・ケイシーリーディング」
（NPO 法人日本エドガー・ケイシーセンター　https://edgarcayce.jp/）

Detailed Explanations of Bhagavad Gita

森井 啓二（もりい けいじ）

専門は動物の統合診療医＆外科医。東京生まれ。北海道大学大学院獣医学研究科卒業後、オーストラリア各地の動物病院で研修。1980年代後半から動物病院院長として統合医療を開始。趣味は瞑想、ヨガ、山籠り、油絵を描くこと。自然が大好き。40年前にクリヤヨギたちと会う。クリヤヨガ実践。

著書に『新・臨床家のためのホメオパシー　マテリアメディカ』『宇宙深奥からの秘密の周波数　君が代』『君が代から神が代へ』『光の魂たち動物編』『光の魂たち植物編』など。

ブログ：ひかたま（光の魂たち）
http://shindenforest.blog.jp/

Twitter
https://twitter.com/keijimoriiVet

Instagram
https://www.instagram.com/pipparokopia/

この星の 未来を創る 一冊を
きれい・ねっと

精解
神の詩
聖典 バガヴァッド・ギーター
1

2021年8月22日　初版発行

著者	森井啓二
発行人	山内尚子
発行	株式会社 きれい・ねっと 〒670-0904　兵庫県姫路市塩町 91 TEL：079-285-2215 / FAX：079-222-3866 https://kilei.net/
発売元	株式会社 星雲社（共同出版社・流通責任出版社） 〒112-0005　東京都文京区水道 1-3-30 TEL：03-3868-3275 / FAX：03-3868-6588
曼荼羅	ジェイコブス彰子
デザイン	eastgraphy

ISBN978-4-434-29447-1